말을 거는 영화들

딸을 거는 영화들

라제기 지음

〈조커〉에서 〈미나리〉까지 생각을 넓히는 영화 읽기

북트리거

들어가며

2007년에 아프리카의 우간다와 케냐를 방문한 적이 있습니다. 이 멀고 먼 나라에서 만난 현지인들에게 '코리아'에서 왔다고 하자 그들은 '김정일'을 잘 안다고 말하더군요. 핵무기를 개발해 미국에 대항하는 김정일의 모습이 인상 깊었던 것이지요. 그러나 한국 대통령의 이름을 아느냐고 묻자 모른다는 대답이 돌아왔습니다.

전 세계가 위험인물로 지목한 김정일 정도가 아니면 그들이 한반도에 대해 알 만한 정보는 없었을 겁니다. 우간다와 케냐만 그럴까요? 한국의 정치를 속속들이 알고, 주요 정치인이 누구인지 아는 외국인은 그리 많지 않습니다. 사실 우리도 미국이나 러시아, 중국 등이 아니면 특정 외국 정치인의 이름을 아는 경우가 흔치 않으니까요.

그래서 외국인을 만나면 한국의 정치나 경제보다는 영화나 드라마, 음악을 대화 주제로 올릴 때가 더 많습니다. 여러 맥락을 제대로 파악해야 하는 정치나 경제보다 영화나 드라마, 음악은 상대적으로 덜 복잡한 데다 재미있기 때문이지요. 박찬욱 감독의 〈올드보이〉를 화제로 삼는 외국인이 여전히 적지 않고, 홍상수 감독의 영화를 호평하는 이도 쉽게 만날 수 있습니다. BTS만으로 친해질 수 있는 외국인이 많기도 합니다. 한국을 알리는 데 영화나 드라마, 음악만큼 좋은 수단이 있을까 싶습니다.

2020년에 봉준호 감독이 〈기생충〉으로 미국 제92회 아카데미상 작품상과 감독상 등 4개 부문을 수상하더니, 2021년에는 배우 윤여정이 〈미나리〉로 한국인 최초 아카데미상 여우조연상을 받았습니다. 아시아에서 이런 성과를 낸 나라는 한국뿐입니다. 앞으로 한국 영화에 대한 외국의 관심은 더욱 커지지 않을까요?

＊＊＊

한국 영화의 강점은 무엇일까요? 우선 보편적 소재와 장르의 결합, 높은 완성도입니다. 여러 나라 사람들이 공감할 수 있는 내용을 주로 다루면서 한국 영화만의 고유한 특징을 지녔지요. 다시 말해 한국 영화는 자막이라는 '1인치의 장벽'●을 넘어 여러 공감대를 형성하면서 호기심까지 자극한다는 점이 매력적입니다.

그렇다면 〈기생충〉이 세계인의 마음을 사로잡은 이유는 무엇일까요? 누구나 공감할 소재인 빈부 격차에 약자끼리 싸우는 잔인한

●　　봉준호 감독이 한 시상식에서 영어권 국가의 관객들이 자막이 필요한 비영어권 영화를 즐기지 않는 점을 수상 소감으로 빗댄 표현.

현실을 우화처럼 그려 내면서, 반지하 방과 북한 방송 패러디 등 지극히 한국적인 면모도 함께 담았기 때문 아닐까요?

하지만 영화가 아무리 보편적 매체이고 한국 영화의 매력도가 높다 해도 문화 장벽은 존재합니다. 〈기생충〉에도 한국 사회와 문화를 알지 못하면 이해하기 어려운 장치가 몇 있습니다. 대표적인 것이 수석(실내 관상용 돌)이지요. 영화 도입부에서 민혁이 해외 교환학생으로 떠나기 전에 기우의 집을 찾아가 기우에게 수석을 하나 선물합니다. 육사 출신인 민혁의 할아버지 취미가 수석 수집인데 민혁은 '할아버지가 하나 가져다주라 하셔서' 가져왔다고 말합니다.

우리나라에서 수석 수집은 주로 상류층이 즐기는 취미입니다. 민혁의 할아버지는 육사 출신이니 시기상 군사정권 시절에 권력을 누리고 재력도 쌓았을 것으로 추정됩니다. 반면, 기우네는 아버지 기택이 매번 장사에 실패해 중산층에서 하층민으로 전락했습니다. 기우는 민혁에게 받은 수석을 잘 간직합니다. 이제 수석은 민혁의 빈곤 탈출과 상류층 진입에 대한 욕망을 의미합니다. 기우는 수석을 두고 '나에게 달라붙는 것' 같다고 말하는데요. 이는 부자가 되고 싶은 욕망이 기우의 마음을 장악했다는 뜻입니다. 그러나 영화 후반에 기우는 그 수석에 머리를 다치고 맙니다. 나중에 기우가 수석을 냇가에 버릴 때 그것은 자연 속 평범한 돌로 돌아갑니다.

이렇듯 사람은 산을 닮았다거나 동물과 비슷해 보인다는 식으로 의미를 부여해 돌을 특별한 물건으로 만들곤 합니다. 여느 광물 중 하나인 금을 귀금속으로 만든 것처럼 말이지요. 〈기생충〉에서 수석은 무의미한 것에 가치를 부여해 유의미한 것으로 만드는 자본주의의 속성을 단적으로 드러내는 소재입니다.

2020년 아카데미상 시상식을 앞두고, 저는 미국 로스앤젤레스의 한 영화관에서 〈기생충〉을 막 보고 나온 미국 관객을 만난 적이 있습니다. 그는 영화를 매우 재미있게 봤다면서 여러 장면에 대해 자신만의 해석을 내놓았는데, 그러면서 "왜 영화에서 돌이 자주 등장하는지 모르겠어요."라고 말했습니다. 서양인에게는 수석이 낯설고 이해하기 어려운 소재였던 것이지요.

〈기생충〉의 이 장면은 어떤가요? 박 사장이 기택을 운전사로 채용하기 전에 시험 운전을 시키면서 "코너링이 훌륭하시네요."라며 만족스러워합니다. 실제로 전 청와대 민정수석의 아들이 운전병 복무 특혜를 받았다는 의혹이 제기됐을 때, '코너링이 훌륭해서 뽑았다'는 군 관계자의 답변이 논란으로 번진 적이 있습니다. 영화는 이를 꼬집어 말했다고 볼 수 있습니다.

이런 장면들의 의도를 우리는 어느 정도 알아챌 수 있는데, 외국인 중에서 여기에 특별한 의미를 떠올린 경우는 얼마나 될까요? 우리가 외국인보다 〈기생충〉을 더 의미 있고 재미있게 즐길 확률이 높을 수밖에 없습니다.

***

영화는 우리가 세상을 만나는 창입니다. 영화를 통해 경험하지 못한 세상을 다양한 각도로 바라볼 수 있고, 알지 못했던 정보를 얻을 수 있기 때문이지요. 하지만 영화가 아무리 대중적이고 보편적인 매체라 해도, 영화에 대한 적극적인 해석이 없다면 영화의 내용을 이해하기 어려울 수 있습니다.

외국 영화의 경우, 우리는 이야기의 사회적·문화적 맥락을 그 나라 사람만큼 알지 못할 때가 많습니다. 영화에서 제대로 파악하지 못하는 의미가 더 많을 수밖에 없지요. 하지만 상대적으로 맥락을 더 잘 이해할 수 있는 한국 영화조차 우리는 숨은 의미를 미처 알지 못하고 지나칠 때가 많습니다.

물론 영화 관람은 공부가 아닙니다. 번잡한 일상에서 잠시 벗어나 삶의 활력을 되찾기 위해 영화를 보는 사람들이 많습니다. 영화 관람으로 그동안 쌓인 스트레스를 풀고 일상을 다시 살아갈 동력이 생긴다면 그것만으로도 가치 있는 일입니다.

하지만 이왕 자신이 본 영화로 생각의 영역을 조금 더 넓힐 수 있다면 영화 관람은 더욱 가치 있지 않을까요? 우리가 평생을 살아도 갈 수 없는 나라를 영화로 만나 볼 수 있다면 조금은 더 신나는 관람이 되지 않을까요? 영화 한 편으로 우리가 몰랐던 역사를 조금 더 깊이 들여다보고 이해할 수 있다면 이 또한 의미 있는 관람이 되지 않을까요?

이 책이 조금이라도 의미 있게 영화를 보고 싶은 이들에게 친절한 안내자가 되었으면 합니다. 물론 안내자는 안내자의 역할만 할 뿐입니다. 언젠가는 안내자 없이 자기만의 방시으로 영화의 실체에 접근하고 싶을 때가 올 겁니다. 그때를 위해 이 책이 작은 물꼬를 제공할 수 있다면 기쁠 듯합니다.

차례

들어가며   4

3관 고발 어두운 현실을 조명하다

4관 한국사 시대를 읽고 비틀고 뒤집다

5관 미래 우리의 내일을 묻다

자아 찾기

진정한 '나'란
누구인가?

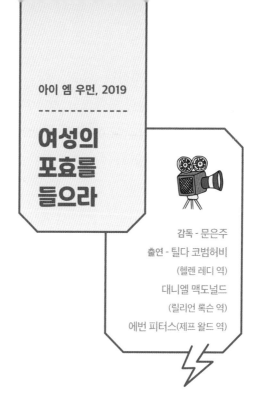

아이 엠 우먼, 2019

여성의
포효를
들으라

감독 - 문은주
출연 - 틸다 코범허비
(헬렌 레디 역)
대니엘 맥도널드
(릴리언 록슨 역)
에번 피터스(제프 왈드 역)

이혼녀는 가수로 성공할 수 없다?

한 여성이 지하도를 지나갑니다. 커다란 케첩 광고판이 눈길을 끕니다. 광고판에는 다음과 같은 문구가 적혀 있습니다.

"나조차 열 수 있어요."

여성의 사진이 함께 있는 이 광고의 메시지는 명확합니다. 연약한 여성조차 병마개를 쉽게 열 수 있는 케첩이란 뜻이지요.

'여성은 연약하다'는 전제를 어떻게 받아들여야 할까요? 여성에 대한 선입견이 담긴 문구라고 생각하지는 않았나요? 〈아이 엠 우먼〉 도입부에 등장하는 이 케첩 광고판은 앞으로 영화에서 어떤 이야기가 전개될지를 암시합니다.

영화는 실존 인물인 헬렌 레디 Helen Reddy 의 삶을 그립니다. 헬렌은 호주 출신 가수입니다. 1966년, 노래로 성공하기 위해 미국 뉴욕 땅을 밟은 그의 앞에는 장애물이 줄지어 서 있습니다. 헬렌이 호주에서 연락했을 때만 해도 앨범 녹음에 긍정적이던 기획사부터 헬렌의 꿈을 가로막지요.

헬렌은 이혼 후 아이와 함께 미국으로 왔는데, 기획사 직원은 못마땅한 표정으로 '남편이 생일을 깜박해서 이혼했느냐'며 빈정댑니다. "여가수는 방송에 못 나가요."라는 말도 서슴지 않습니다. 이혼하고 아이까지 있는 여가수는 대중이 좋아하지 않으니 앨범을 녹음할 수 없다는 뜻이지요. 이혼녀는 어딘가 문제가 있을 거라는 편견과 아이가 있으면 남성 팬이 생기지 않을 거라는 단정이 섞인 그야말로 편협한 표현입니다. 만약 헬렌이 남성이었다면 직원에게 저런 말을 들었을까요?

앨범 녹음을 거절당한 헬렌은 생계를 위해 클럽 무대에 올라 노래를 부르지만 이곳에도 여성을 향한 편견과 차별이 있습니다. 헬렌은 자신의 출연료가 남성 밴드보다 적다는 사실을 알고 클럽 사장에게 강하게 항의합니다. 그러자 "남자는 부양가족이 있어요."라는 대답이 돌아옵니다. 헬렌 역시 허름한 호텔에 장기 투숙하며 딸아이를 기르는 건 마찬가지인데 현실은 부당하기만 합니다. "저도 애를 키워야 해요."라는 헬렌의 말은 묵살당합니다.

헬렌은 친구 릴리언이 연 파티에서 젊은 음악 프로듀서 제프와 만나 사랑에 빠집니다. 제프는 헬렌을 스타로 만들어 주겠다고 약속합니다. 하지만 헬렌은 "내가 당신을 스타로 만들지도 모르지요." 라고 대답합니다. 남성의 도움이 아닌 자신의 노력으로 성공하겠다는 뜻입니다. 여성은 남성에게 의존해야만 살아갈 수 있다는 고정관념에 반기를 드는 말이기도 하고요.

헬렌과 제프는 결혼 후 성공을 꿈꾸며 로스앤젤레스로 향했지만 현실은 순탄치 않습니다. 무명 가수의 앨범을 덜컥 내겠다는 기획사는 없기 때문입니다. 헬렌은 곡을 만들기 위해 계속 노력하고 고민하지만 제프는 헬렌에게 집안일을 하지 않는다며 화를 냅니다. 이는 헬렌의 일이 가정에 별 도움이 안 된다는 생각과 남성의 일만이 가정에 기여한다는 그릇된 인식에서 나온 언행이지요.

이후 헬렌은 어렵게 앨범을 내고, 인기도 얻습니다. 하지만 헬렌을 대하는 제프의 태도는 변한 게 없습니다. 기획사 역시 헬렌의 앨범이 성공을 거두었지만 정작 그의 의견은 들으려 하지 않습니다. 결정적으로 헬렌이 여성의 자부심에 대해 노래하는 곡 〈아이 엠 우먼〉을 다음 앨범에 실으려 하자, 기획사 임원은 남성 혐오 곡이라며 반대합니다. 대중이 싫어할 곡을 넣으면 앨범이 팔리지 않는다는 논리였지요.

기획사의 논리에는 여성은 소비의 주체가 될 수 없다는 편견이 깔려 있습니다. 생산의 주체가 아닌 여성은 남성에 종속되며, 남성

이 소비하지 않는 상품은 가치가 없다는 생각이지요. 하지만 〈아이 엠 우먼〉은 여성들의 절대적 지지를 바탕으로 큰 인기를 얻으며 헬렌에게 여러 상을 안겨 주고, 헬렌의 대표곡이 됩니다.

여성의 포효를 들으라

두 차례의 세계대전이 끝난 후 여성의 사회 활동은 늘어나기 시작했습니다. 그리고 미디어의 발달과 함께 여성의 의식도 크게 바뀌었습니다. 여성이 남성에 종속되는 것은 당연하지 않다는 깨달음이 확산되었고, 기존의 잘못된 틀을 깰 수 있다는 자신감도 생겼지요.

그렇다면 〈아이 엠 우먼〉이 1970년대 인기곡이 된 사회적 배경은 어땠을까요? 당시 미국 사회에서는 페미니즘이 큰 반향을 일으켰습니다. 여성운동가들은 시위와 강연 등 다양한 활동으로 정치인들을 압박해 1972년 상·하원에서 '성평등 헌법 수정안(ERA)'을 통과시킵니다. 수정안에는 남녀가 동일 노동에 대해 동일 임금을 받는 등 성별에 따라 차별받지 않는다는 내용이 있었습니다. 그러나 1977년 기준, 주 의회에서 35개 주만 이를 비준함으로써 수정헌법으로 채택되지 못했습니다. 수정헌법이 효력을 가지려면 50개 주 가운데 4분의 3 이상(38개 주 이상)이 비준해야 하지요.

"나는 여성이다/나의 포효를 들으라"로 시작하는 〈아이 엠 우먼〉은 이러한 시대정신을 담은 곡입니다. 이 곡은 남녀평등을 주창하는 시기에 여성의 자부심을 새삼 일깨우는 역할을 했습니다. 오랜 시간 가부장제에 짓눌려 살아야 했던 여성들에게 용기를 심어 주었지요. 여성의 주체성을 바탕으로 악조건을 이겨 내며 가수로 성공한 헬렌이 곡을 쓰고 불렀기에 더욱더 당시 여성들에게 큰 힘을 준 것인지도 모릅니다.

하지만 헬렌은 다음 앨범 작업에서도 제 목소리를 내지 못합니다. 기획사는 남편인 제프와 모든 일을 상의하려 합니다. 헬렌은 재즈 앨범을 내고 싶지만 제프는 상업성이 없다며 완강히 반대하지요. 기획사 관계자들은 남편의 의견에만 귀 기울입니다.

헬렌은 자신이 벌어들인 막대한 재산이 어떻게 쓰였는지도 잘 몰랐다가, 제프가 무리한 투자로 재산 대부분을 날렸다는 사실을 뒤늦게 알게 됩니다. 주체성을 가지고 자신의 의지대로 살아가 많은 여성의 롤 모델이었던 그조차 완고한 가부장제 앞에서 또다시 좌절을 맛본 셈입니다.

이후 헬렌은 음악 활동을 접고 칩거하던 중 딸의 부탁으로 여성 운동 행진에 나가 〈아이 엠 우먼〉을 다시 부릅니다. 그는 홀로 투쟁하며 많은 것을 이루었지만 남편 때문에 재산을 잃는 등 가부장제의 벽을 만나면서 연대를 필요로 했을지 모릅니다. 이제 막 주체성과 자부심을 되찾기 시작한 여성들이 '함께 힘을 모아 행동해야만' 기존의 낡은 틀을 완전히 부술 수 있다고 깨달은 게 아닐까요?

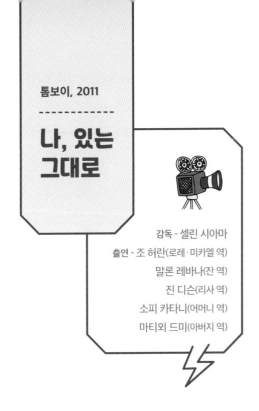

톰보이, 2011

나, 있는 그대로

감독 - 셀린 시아마

출연 - 조 허란(로레·미카엘 역)

말론 레바나(잔 역)

진 디슨(리사 역)

소피 카타니(어머니 역)

마티외 드미(아버지 역)

여성이지만 여성으로 살아갈 수 없는 사람들

2020년도에 한 학생이 국내의 모 여자대학교에 합격했습니다. 그런데 이 합격생을 두고 대학교 안팎에서 큰 논란과 파장이 일었습니다. 합격생이 트랜스젠더(transgender) 여성이었기 때문입니다. 남성으로 태어났지만 살아가면서 자신을 여성이라고 느껴서 성전환 수술을 받았지요.

수술로 성별을 바꿨고 법원에서 성별 정정 허가까지 받았는데도 이 학생은 여대 일부 구성원의 반발에 부딪혔습니다. 이들은 합격생이 입학하면 구성원의 권리와 안전을 위협할 수 있다고 주장했습니다. 또 여대는 남성이 여성으로 인정받기 위한 수단이 아니라고 언급했지요.

하지만 입학을 찬성하는 이들의 의견도 만만치 않았습니다. 이들은 학생이 수술로 성별을 바꿨고, 법적으로 여성이니 절차상 아무 문제가 없다며 목소리를 높였습니다. 또 트랜스젠더 여성의 여대 입학 반대는 성 소수자에 대한 명백한 차별이자 혐오라고 했습니다. 그러나 해당 학생은 자신의 입학을 둘러싸고 논란이 커지자 결국 입학 등록을 스스로 포기하고 말았습니다.

비슷한 시기에 또 다른 사건이 있었습니다. 국군 하사가 복무 중 여성으로 성전환 수술을 받았다고 해서 강제 전역한 일입니다. 그는 수술 후에도 군 복무를 계속하려 했지만 육군 본부는 성기 적출을 심신장애로 보고 전역해야 한다고 주장했지요. 결국 '심신장애 3급 판정'을 받아 강제 전역한 하사는 소송을 진행하던 중에 스스로 목숨을 끊었습니다.

두 사건은 트랜스젠더라는 성 소수자의 인권 문제를 다시 돌아보게 합니다. 사회가 빠르게 변하고, 성 소수자를 향한 인식이 많이 바뀌었다고는 하나 이들을 바라보는 사람들의 시선은 아직 차갑습니다. 입학을 포기한 학생이 다른 대학에 입학했다 해서, 강제 전역을 한 하사가 숨지지 않고 다른 직업을 찾았다 해서 해결될 문제는 아닙니다. 이와 비슷한 일들은 언제든 우리 사회에서 또다시 일어날 수 있습니다.

〈톰보이〉는 자신이 원하는 '나'로 살고 싶은 열 살 소녀의 이야기입니다. 영화는 우리에게 사회적으로 규정된 성 역할에 대한 여러 생각할 거리를 던지고, 성 정체성 문제를 둘러싼 논란을 해소할 실마리를 제시합니다.

여성으로 태어났지만 남성으로 살 거야!

프랑스 어느 동네에 한 가족이 이사를 옵니다. 부모와 두 자매로 구성된 가족의 맏딸인 로레가 주인공입니다. 짧은 머리에 헐렁한 옷차림, 활동적인 모습을 보면 언뜻 남자아이 같지요. 새로 사귄 또래들에게 자신을 흔한 남성 이름인 미카엘로 소개하고, 남자아이들과 어울려 축구도 즐깁니다. 로레는 굳이 사회적 통념에 맞춘 여자아이처럼 되고 싶지 않은 듯 보입니다.

아직 2차 성징이 나타나지 않아 로레의 몸은 겉보기에 남자아이들과 다를 바 없습니다. 남자아이처럼 바닥에 침을 뱉고 웃통을 벗는 등 거친 행동을 합니다. 자연스럽게 동네 친구들은 로레를 남자아이라 여깁니다. 심지어 또래 여자아이인 리사가 자신에게 호감을 드러내자 로레는 더욱 남자아이처럼 행동하지요. 집에만 있기 심심해하던 여동생 잔을 밖으로 데리고 나와 놀 때도 여전합니다. 다만, 로레는 동생에게 자신이 밖에선 남자아이로 살아가는 것을 비밀로 해야 한다고 당부합니다.

로레의 행동이 얼핏 이상하게 보일 법도 하지만 편견 없이 들여

다보면 딱히 문제 될 일은 아닙니다. 로레가 스스로를 미카엘로 소개한 것은, 자신이 좋아하는 짧은 머리를 하고 친구들과 어울려 좋아하는 운동을 하며 자유롭게 지내고 싶었기 때문이니까요.

로레는 사회가 정해 놓은 대로 따르지 않고 자신이 하고 싶은 대로 행동합니다. 고정된 성 역할을 거부하고 자신이 원하는 모습을 스스로 선택하지요. 남성은 이렇게, 여성은 저렇게 행동해야 한다는 식의 생각은 사회가 만든 잣대 아닐까요?

내 삶은 나만의 방법으로

초등학교 입학을 앞두고 로레는 그간 남자아이로 살아온 사실을 들킵니다. 학교는 아주 견고한 사회제도이지요. 입학은 그 사회제도에 들어가는 일입니다. 로레가 아무리 미카엘로 살고 싶어도 미카엘로서 학교를 다닐 수는 없습니다. 사회 일원으로 인정받고 학업과 졸업, 취업 등을 이어 가기 위해서는 여성인 로레로 살아야만 합니다.

로레의 어머니는 이제껏 로레가 남자아이 행세를 하며 다녔다는 사실을 알고 큰 충격을 받습니다. 그리고 곧바로 로레에게 '여성되기'를 강요합니다. 어머니는 로레에게 강제로 원피스를 입힌 다음, 로레의 친구 집을 함께 찾아가 로레가 여자아이임을 알립니다. 입학을 앞둔 로레가 사회에 편입되지 못하고 불이익을 당할까 봐 걱정하는 어머니의 마음에서 나온 행동이었지요. 하지만 그 행동이

다소 무자비하고 폭력적으로 느껴집니다. 성별을 이분법적 잣대로만 바라보는, 냉정하고 강압적인 사회의 시선이 고스란히 담겨 있기 때문입니다.

그래서 로레가 어머니의 행동에 반발하며 숲에서 원피스를 벗어 버리는 장면은 매우 상징적입니다. 영화에서 원피스는 여성을 나타내는 기호와도 같지요. 이를 벗어 버리는 것은 사회가 정한 여성의 모습대로 살고 싶지 않다는 선언과도 같습니다.

앞서 이야기한 두 트랜스젠더는 생물학적으로 타고난 성별을 거부하고 자신이 원하는 성별을 선택한 사람들입니다. 그들이 남성으로 태어났다 해도 생물학적인 성별 그대로 살아가야 한다는 법은 없습니다.

프랑스 철학자 자크 라캉Jaques Lacan은 상상계와 상징계라는 용어를 통해 사람들의 정신세계, 나아가 사회와 문화를 설명하려 했습니다. 상상계는 오직 자신만의 상상으로 구축된 무의식의 세계입니다. 법과 규범의 지배에서 자유로운 공간이지요. 상징계는 인간관계와 기호, 규칙 등으로 이루어진 세상입니다. 사람들은 상징계에 들어서면서 사회의 법과 질서를 따릅니다. 다만, 상징계는 고정된 게 아닙니다. 문화권이나 시대에 따라 상징계는 서로 다르게 만들어지고 바뀌기도 합니다. 영화에서 로레는 상상계에서 상징계로 넘어가는 과정에 있습니다. 세계가 뒤흔들리는 듯한 강렬한 감정에 휩싸인 채 소년과 소녀 사이 그 어딘가를 맴돌며 정체성의 혼란을 느끼지요.

과거 우리나라 사회에서는 '삼종지도(三從之道)'를 여성이 따라야 할 미덕 중 하나로 꼽았습니다. 어려서는 아버지에게 순종하고, 결혼해서는 남편을 받들고, 남편이 죽은 뒤에는 자식을 따르는 게 도리라는 말입니다. 이러한 인식은 봉건사회에서 여성을 남성에 종속된 존재로 보며 여성의 권리를 억압하는 굴레로 작용했습니다. 하지만 요즘 삼종지도를 옳다고 생각하는 사람이 얼마나 있을까요? 시대에 따라 어떤 대상과 현상을 바라보는 관점이 어떻게 변할 수 있는지를 보여 주는 예입니다. 성별의 역할, 성별의 규정도 언제든지 바뀔 수 있습니다.

영화 〈톰보이〉의 마지막 부분에서 로레는 자신의 이름을 묻는 리사에게 "내 이름은 로레야."라고 대답합니다. 다른 누구도 아닌 자신 그대로의 삶을 본인만의 방법으로 계속 찾아가겠다는 뜻입니다. 더 이상 초등학교 입학 전처럼 행동할 수는 없겠지만, 로레는 자신의 정체성에 대해 끊임없이 되물으면서 조금씩 진정한 '나'로 거듭나기 위해 노력하지 않을까요?

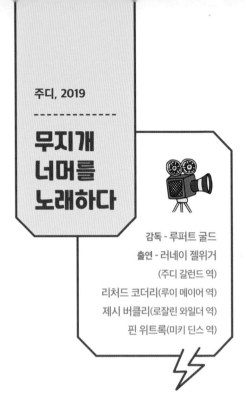

주디, 2019

무지개 너머를 노래하다

감독 - 루퍼트 굴드
출연 - 러네이 젤위거
(주디 갈런드 역)
리처드 코더리(루이 메이어 역)
제시 버클리(로잘린 와일더 역)
핀 위트록(미키 딘스 역)

조명이 밝을수록 그림자는 짙어진다

20세기 초 할리우드 전성기를 이끈 아역 배우들이 꽤 있습니다. 그중 메리 픽퍼드 Mary Pickford는 훗날 제작자로도 활동했고, 동료 배우들과 '유나이티드 아티스츠(United Artists)'라는 유명 영화사를 공동 설립하기도 했습니다. 픽퍼드처럼 말년까지 행복한 아역 배우가 있다면, 반대로 돈에 눈이 먼 어른들에게 철저히 이용당하고 성인이 된 후 버림받은 아역 배우도 있습니다. 주디 갈런드 Judy Garland가 대표적입니다.

여러분도 한 번쯤은 들어 봤을 만한 〈오즈의 마법사〉(1939년)의 주인공 도로시 역을 주디가 맡았지요. 주디는 어린 나이에 스타가 된 할리우드 배우입니다. 어렸을 때부터 워낙 노래 실력이 뛰어나다 보니 금세 할리우드 관계자들 사이에서 소문이 났지요.

당시 거대 영화사였던 MGM의 사장인 루이 메이어Louis B. Mayer의 귀에도 주디의 노래 솜씨가 전해졌습니다. 루이는 발 빠르게 움직여 주디와 전속 계약을 맺습니다. 그리고 10대 소녀였던 주디에게 〈오즈의 마법사〉의 도로시 역을 맡깁니다. 당시 가장 인기 있던 아역 배우인 셜리 템플Shirley Temple과의 경쟁에서 이겨 배역을 따냈으니 주디에게는 인생 최고의 순간이었지요.

하지만 주디의 실제 삶을 바탕으로 한 영화 〈주디〉를 보면 그의 삶이 행복했다고 말하기는 어렵습니다. 중년의 주디는 자녀들과 호텔을 전전하다 숙박비가 밀려 장기 투숙하던 호텔에서 쫓겨나는 신세이지요. 주디의 전남편은 주디가 집도 없고 아이들을 학교에 보내지도 않은 채 공연에 데리고 다닌다며 양육권 소송을 벌입니다. 주디는 아이들과 함께 살 돈을 마련하기 위해 아이들을 전남편의 집에 맡겨 둔 채 영국 런던으로 장기 공연을 떠납니다. 한때 세계 영화 팬들의 톱스타였던 주디는 왜 이렇게 불행한 삶을 사는 걸까요?

어른들에게 그저 돈벌이였던 배우의 삶

도로시 역을 맡을 무렵에 주디는 사장인 루이에게서 정신적으로 강한 압박을 받자 괴로워합니다. 배우 일을 하는 것이 맞는지 고민하던 주디는 도로시 역을 포기하려 했지요. 그러자 루이가 "태평양에 떨어진 빗방울 같은 존재가 되고 싶냐."라고 되받아치면서 스무 살이 되기도 전에 100만 달러를 벌 수 있다고 주디를 구슬립니다. 다른 아역 배우들과 외모와 스타성을 비교하며 주디를 자극하기도 했고요. 결국 주디는 그러한 압박에 따라 도로시 역을 해내고 세계적 스타가 됩니다.

주디가 스타덤에 오르자 루이는 본격적으로 주디를 쥐어짜기 시작합니다. 체중 조절 때문에 감자튀김 한 조각도 못 먹게 하는 데다가 식욕 억제제까지 먹입니다. 약물 부작용으로 주디가 잠을 이루지 못하면 수면제도 먹였지요. 한창 또래들과 어울리며 자유롭게 놀고 싶을 10대 소녀를 철저히 돈벌이 수단으로 이용하면서 쉴 틈도 주지 않습니다.

사실 1920~1930년대만 해도 할리우드에서 아역 배우의 착취는 일상이었습니다. 그 당시는 '아동 인권'이라는 인식이 크게 부족했고, 아동을 보호할 법적 장치도 제대로 마련되지 않았습니다. 그러니 계약서 내용을 따르라는 영화사 사장의 위협 앞에서 제아무리 톱스타인 주디도 어찌할 방법이 없었던 것이지요.

영화 〈주디〉는 어린 시절부터 억눌린 환경에서 혹사당하다 몸과 마음이 망가진 주디를 조명합니다. 그리고 성인이 된 그에게 어떤 후유증이 남았는지를 보여 주지요. 주디는 40대에 이르러서도 수면 장애에 시달립니다. 네 번의 이혼은 주디가 정신적으로 안정되지 않았음을 추측하게 하지요. 어린 나이에 배우 일을 하며 혹사 당하느라 제대로 된 성장 과정을 밟지 못한 주디는 누군가 자신에게 조금만 친절하게 굴어도 쉽게 마음을 주고, 사소한 일에 불같이 화를 내기도 합니다.

주디는 우여곡절 끝에 런던 공연에 오르지만 일정을 소화하는 게 몹시 버거워 보입니다. 불면증과 조울증에 시달리는 주디의 정신 상태는 매우 불안정합니다. 과거의 끔찍한 트라우마는 시간이 오래 지난 후에도 주디의 발목을 잡습니다.

영화를 통해 우리는 아동 착취 문제의 심각성을 느낄 수 있습니다. 물론 지금의 할리우드에서는 아역 배우를 예전처럼 함부로 다룰 수 없습니다. 하루에 촬영 가능한 시간을 엄격히 제한하고, 야간 촬영은 금기시됩니다. 불공정한 계약도 많이 사라졌고요. 아동 인권에 대한 인식이 높아지고 아동 노동에 대한 부정적인 의견이 많아지면서 문제가 개선된 것이지요.

하지만 세계 모든 아동이 보호받는 것은 아닙니다. 유엔(UN)이 1959년 '아동 권리 선언'을 발표하며 어린이의 권리와 자유 보장에 나섰지만, 현실에서는 여전히 노동 착취를 당하고 학대받는 어린이들이 적지 않습니다.

유엔아동기금(UNICEF)과 국제노동기구(ILO)가 2021년 발표한 조사에 따르면, 전 세계 5~17세의 아동 중 노동하는 아동은 약 1억 6,000만 명이라고 합니다. 또 그중 건강, 안전 등에 악영향을 받으며 노동하는 아동의 수도 2016년보다 650만 명 늘어난 약 7,900만 명이지요. 내전이 계속되는 아프리카 몇몇 나라에서는 많은 어린이가 전쟁에 동원되기도 합니다.

영국 일간지 《가디언》의 2019년 보도에 따르면, 4만 명 정도의 어린이가 아프리카 콩고민주공화국의 코발트 광산에서 일한다고 합니다. 코발트는 배터리 원료로 쓰입니다. 이들이 위험한 노동 환경 속에서 코발트를 캐 버는 돈은 하루 1~2달러 수준입니다. 우리가 스마트폰으로 인터넷을 즐기고, 메시지를 주고받는 사이에도 코발트 광산 속 어린이들은 위험을 무릅쓰고 일하고 있지요.

무지개를 향해 '그렇게' 걸어가기

주디는 런던 공연을 이어 가던 중, 매일같이 자신의 무대를 보러 온 게이 커플과 우정을 나눕니다. 아무도 없는 숙소로 돌아가기 싫었던 주디는 두 남성에게 식사를 함께하자 제안했고, 두 남성은 자신들의 집으로 주디를 초대합니다.

두 남성은 몇 년 전 주디의 런던 공연을 보지 못한 아쉬움 때문에 주디의 공연은 모두 챙겨 본다고 말합니다. 이들 중 한 명은 당시 동성애 사실이 발각되어 구속된 적이 있습니다. 실제로 영국에서는 1967년까지 동성애 처벌법이 존재했지요. 하지만 그 뒤로 법은 바뀌었고, 두 남성은 이제 자신들의 사랑 때문에 처벌받을 일은 없다고 말합니다. 이 이야기를 들은 주디는 가만히 있는 사람들을

괴롭히는 세상을 탓하며 함께 분노합니다. 주디 역시 어린 시절부터 어른들에게 착취를 당하며, 불우한 삶을 살아왔기 때문에 그들이 겪은 부당함에 연대감을 느낍니다.

영화에서 주디는 〈오즈의 마법사〉 주제곡이자 자신의 대표곡인 〈오버 더 레인보 Over the Rainbow〉를 부르기 전에 이렇게 말합니다.

"이 노래는 어떤 곳을 향해 걸어가는 그런 이야기입니다. 어쩌면 그렇게 걸어가는 게 우리 매일의 삶일지도 몰라요. 그렇게 걸어가는 게 결국 전부지요."

무지개는 꿈과 희망을 의미합니다. 무지개를 향해 걷는다는 것은 곧 꿈과 희망을 위해 노력한다는 뜻이지요. 설령 무지개까지 닿진 못할지라도 그곳을 향해 걷는 행동만으로도 의미 있는 일 아닐까요? 아마도 주디에게 가장 큰 희망은 사랑하는 자녀들과 함께 사는 일 같습니다. 앞서 주디의 팬인 두 남성이 자유롭게 사랑하는 삶을 꿈꾼 것처럼요(무지개는 성 소수자의 상징이기도 함).

영화의 끝부분에서 주디가 〈오버 더 레인보〉를 부르다 감정이 북받쳐 노래를 멈추자 관객들이 하나둘 이어 부르기 시작합니다. 어쩌면 이런 연대, 희망을 향한 노력이 세상을 바꿀지도 모릅니다. 우리 모두 무지개를 향해 '그렇게' 끊임없이 걷다 보면 꿈과 희망이 있는 세상이 언젠가 펼쳐지지 않을까요?

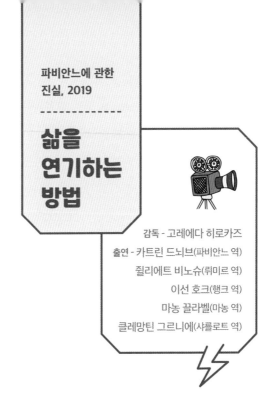

파비안느에 관한
진실, 2019
- - - - - - - - - - - -
삶을
연기하는
방법

감독 - 고레에다 히로카즈
출연 - 카트린 드뇌브(파비안느 역)
쥘리에트 비노슈(뤼미르 역)
이선 호크(행크 역)
마농 끌라벨(마농 역)
클레망틴 그르니에(샤를로트 역)

콩나물값 깎는 억대 기부자

불우 이웃을 돕기 위해 큰돈을 기부하거나 장학금을 흔쾌히 내놓는 사람들의 사연이 언론 보도로 종종 나오곤 합니다. 그중 기부 액수보다는 남다른 이력으로 사람들을 놀라게 하는 사례도 꽤 있습니다. 한 할머니가 수십 년간 콩나물을 팔아 모은 억대의 기부금을 쾌척했다는 소식처럼요.

고액 기부자 모임인 '아너 소사이어티(Honor Society)'가 자체 조사한 결과에 따르면, 기부자 중에는 절약이 몸에 밴 사람들이 많다고 합니다. 좋은 일에 쓰라고 1억 원을 흔쾌히 내놓으면서도 실생

활에서는 1,000원 쓰는 것조차 벌벌 떠는 자린고비들이 많다는 것이지요. 힘겹게 일군 재산을 불우한 사람들을 위해 쓰다니 정말 우리 사회에서 모범이 될 만한 분들입니다.

하지만 자린고비 기부자가 평소 주변으로부터 좋은 소리를 듣는 경우는 그리 많지 않습니다. 가족들에게는 수돗물도 함부로 쓰지 말라 하고, 전기세가 많이 나가니 전등을 끄라며 잔소리도 적지 않게 할 것입니다. 시장에서 콩나물 한 봉지를 살 때 100원, 200원을 깎기 위해 주인과 실랑이를 하다 얼굴 붉히는 일도 있을 테고요. 주변 사람들은 대부분 원성을 높일 것입니다. 돈도 많은데 왜 그리 악착같이 아끼고 사람들을 괴롭히냐고요.

만약 여러분 주변에 자린고비 기부자가 있다면 어떨 것 같나요? 살면서 만난 적도 없는 사람들을 위해 큰돈을 아낌없이 내놓는 걸 보면 당연히 박수를 치고 존경스러워하겠지만, 일상에서 구두쇠처럼 아끼는 모습을 보면 반감만 느낄 겁니다. 그렇다면 자린고비 기부자는 좋은 사람일까요? 나쁜 사람일까요? 쉽게 답할 수는 없습니다. 행동 하나, 말 한마디만 단편적으로 봐서는 그 사람을 평가할 수 없는 법이니까요.

영화 〈파비안느에 관한 진실〉을 보면 사람의 다면성(多面性)에 대해 생각하게 됩니다. 우리는 어떤 사람의 실체를 겉으로 보이는 것만으로는 쉽게 파악할 수 없습니다. 눈에 비친 모습만으로는 상대가 품은 진심이 무엇인지 알기 어려우니까요.

정작 자신의 삶을 연기하지 못한 전설의 배우

전설적인 프랑스 배우 파비안느가 회고록 출간을 앞두고 있습니다. 그래서 미국에 사는 그의 딸 뤼미르가 가족과 함께 파비안느의 프랑스 집으로 찾아옵니다. 영화 속 파비안느는 딱 봐도 과시욕이 강하고 까다로워 보입니다. 그는 딸네 가족을 보자마자 인쇄된 회고록 초판이 10만 부라며 대수롭지 않은 듯 말하지요. 그러고서 차를 너무 미지근하게 탔다며 매니저에게 불평을 늘어놓습니다.

그러나 사실은 달랐습니다. 초판 인쇄 부수는 5만 부였고, 이어지는 장면에서 파비안느는 뤼미르가 타 준 차가 너무 뜨거워 마실 수 없다고 타박을 합니다. 뤼미르가 물을 타서 차를 식히려 하자 그럼 차 맛이 안 난다고 까탈스럽게 말하지요. 도대체 그의 취향이 어떤지 종잡을 수 없습니다.

파비안느는 정직하지 않은 사람처럼 보입니다. 뤼미르는 파비안느가 자신에게 회고록 원고를 미리 보여 주지 않고 출간한 것에 대해 불만을 내비치지요. 그러자 파비안느는 미국으로 원고를 보냈는데 못 받았냐며, 타이밍이 안 맞은 것 같다고 둘러댑니다.

이내 회고록을 다 읽은 뤼미르는 파비안느와 자신의 삶에서 중요한 사람이었던 사라의 사연이 쏙 빠졌음을 발견합니다. 사라는 파비안느의 동료 배우였는데, 과거에 바쁜 파비안느를 대신해 뤼미르를 돌봐 주곤 했습니다.

뤼미르는 파비안느가 회고록에서 사라 이야기를 쓰지 않은 이유를 짐작합니다. 사라의 연기력를 질투했기 때문이라고 생각한 것이지요. 자존심이 센 파비안느는 그럴 수 있지 않냐며 이렇다 할 변명도 하지 않습니다. 그리고 자신의 사위이자 뤼미르의 남편인 행크에게 독설을 날리기도 합니다. 행크는 텔레비전 B급 배우인데, 대충 연기하니 주연을 맡지 못하는 거라고 말이지요.

변덕스럽고 자기중심적인 데다 안하무인인 파비안느는 정말 제멋대로에 주변 사람에 대한 애정은 털끝만치도 없는 인물일까요? 뤼미르의 생각처럼 사라의 배역을 뺏기 위해 영화감독과의 잠자리까지도 서슴지 않은 부도덕한 인물일까요?

영화를 보다 보면 파비안느가 그저 악담만 퍼부어 대고, 질투심으로 가득 차 있고, 콧대 높은 스타만은 아니라는 사실을 알게 됩니다. 파비안느는 손녀에게 저택 정원에 있는 거북을 가리키며 사실저 거북은 마법에 걸린 자신의 전남편이라고 거짓말을 합니다. 사랑하는 손녀가 자신의 집에 있을 때만큼은 마음껏 상상의 나래를 펼치며 즐겁게 있기를 바라는 마음에서 한 말이지요.

파비안느는 사위에게 독설을 날리면서도 연기 선배로서 격의 없는 대화를 나눕니다. 또 과거에 사라를 질투했고 기억에서 지우고 싶어 하는 것 같지만 사라를 그리워하며 잊지 못하는 모습을 보이기도 하지요. 아무래도 연기에서 완벽함을 추구하다 보니 그가 주변 사람들을 불편하게 만드는 경우가 적지 않았고, 배우로서 살아남기 위해 애쓰다 보니 악착같다는 평가를 받은 것으로 보입니다.

이렇게 여러 면면을 살펴보니 파비안느가 나쁜 사람으로만 보이지 않습니다. 알고 보면 인간미도 있고 나름 사려 깊은 생각도 하는 것 같지요.

자, 여러분께 다시 묻겠습니다. 파비안느는 좋은 사람일까요, 나쁜 사람일까요?

우리의 믿음과 진실 사이

파비안느는 좋은 사람도 나쁜 사람도 아닙니다. 좋기도 하고 나쁘기도 한 사람이지요. 연기에만 집착하는 냉정한 사람은 아니지만, 그렇다고 주변 사람을 무조건 품어 안는 천사도 아닙니다. 자신의 일에 대한 욕심이 남다르고, 때로는 은근슬쩍 주변 사람 눈치를 보기도 하며, 표현은 안 하지만 자식을 사랑하는 마음은 누구 못지않은 평범한 사람일 뿐입니다. 다만 오해와 왜곡된 기억이 한 사람에 대한 부정적인 생각을 증폭시킬 뿐이라고 영화는 말합니다.

뤼미르에게는 어린 시절 어머니에 대해 좋지 않은 기억만 있습니다. 어머니가 자신을 내팽개치고 연기에만 몰두했다고 생각했기 때문이지요. 하지만 그는 어머니와 대화를 나누면서 자신의 기억이 잘못됐음을 깨닫습니다. 어린 시절, 마냥 넓어 보이기만 했던 촬영장이 지금은 좁아 보이는 것처럼 어머니에 대한 유년 시절의 기억도 과장되거나 왜곡된 부분이 있었던 것이지요.

이렇게 영화는 우리가 진실이라 여기는 것이 객관적 실체와 거리가 멀 수도 있음을 보여 줍니다. 성처럼 거대한 파비안느의 집은 누가 봐도 고급 저택입니다. 그런데 어울리지 않게 집 뒤에 교도소가 있습니다. 파비안느의 집이 정말 화려하고 좋다고 생각했던 행크는 그 사실을 알고 말문이 막힙니다.

가을날 저녁, 집 정원에 서 있던 뤼미르는 바깥에서 들려오는 기차 소리가 평소보다 더 크게 느껴진다는 사실을 깨닫습니다. 파비안느는 가을이 되면 정원에 있는 나무들의 잎이 떨어져 여름만큼 소리가 차단되지 않는다고 말합니다. 오랫동안 이 집에서 살아온 파비안느와 달리, 잠시 머물다 가곤 했던 뤼미르는 알기 힘든 사실이었지요.

누군가에 대한 진실은 쉽게 알기 어렵습니다. 아무리 가까이에서 오래 지켜봐도 실체를 파악하기 어렵고, 숨겨진 진심은 금방 알아챌 수 없습니다. 잘 알지 못하면 오해가 쌓이고 미움이 생기며 갈등이 불거지기 마련입니다.

그렇다면 누군가의 진심과 진실을 제대로 알기 전까지 우리는 어떻게 해야 할까요? 영화 〈파비안느에 관한 진실〉은 생활 속의 '적절한 연기'를 제안합니다. 모르는 척, 고마운 척, 사랑하는 척, 무심한 척…. 때와 장소에 따라 필요한 연기를 슬쩍슬쩍 하다 보면 오해에서 비롯되는 충돌을 막을 수 있고, 서로 화해할 실마리도 얻을 수 있다고 말이지요.

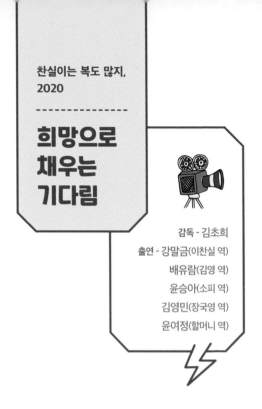

찬실이는 복도 많지,
2020

희망으로 채우는 기다림

감독 - 김초희
출연 - 강말금(이찬실 역)
배유람(김영 역)
윤승아(소피 역)
김영민(장국영 역)
윤여정(할머니 역)

절망에서 다시 일어나는 용기

현대그룹의 설립자 고(故) 정주영은 한국 산업화에 큰 도움을 준 인물입니다. 당시 농업 국가였던 한국을 자동차업과 조선업 강국으로 만들었지요. 그는 농업에 종사하라는 부친의 말을 따르지 않고, 젊은 시절부터 사업가를 꿈꿨습니다. 고향을 떠나 서울에서 거친 육체노동을 하며 사업 기회를 엿보았고, 결국 한국 경제의 큰 기둥이 되었습니다.

자기 이름을 굵직하게 남기고 세상을 떠난 정주영이지만 그도 젊은 시절에 절망적인 상황에 놓였던 적이 있습니다. 첫 사업으로 쌀가게를 차렸으나 일제가 쌀 배급제●를 실시하면서 가게 문을 닫아야 했지요. 정주영은 첫 사업의 실패를 딛고 자동차 수리 사업에 도전합니다. 사업은 정주영의 성실함과 수완을 비탕으로 번창해 직원이 80명에 다다를 정도였습니다. 당시 자동차가 많지 않은 상황에서 직원이 수십 명에 달하는 수리 공장을 경영할 정도면 정주영의 사업에 대한 열정이 얼마나 뜨거웠는지 가늠할 수 있습니다.

정주영은 자동차 수리 사업으로 성공의 문턱을 밟는 듯했으나 또 한 번의 시련이 닥칩니다. 화재로 공장 건물이 모두 불탔고, 심지어 수리 중이던 차까지 홀랑 타 버렸지요. 공장을 잃은 것만으로도 손해가 이만저만이 아닌데, 다른 사람의 재산까지 손실을 입혔으니 눈앞이 깜깜했을 겁니다. 하지만 정주영은 절망적인 상황에서도 어떻게든 끝까지 버티고 이겨 냈습니다. 자동차 사업을 포기하지 않고 다시 뛰어들기까지 수많은 어려움이 있었지만 결국 다시 일어나 성공을 거머쥐었지요.

사람들은 꿈을 가지고 있습니다. 하지만 그 꿈이 항상 이루어지지 않습니다. 오히려 마음에 상처를 남기고, 절망이라는 구렁텅이 속에 몰아넣을 때도 있지요. 그렇지만 꿈을 통해 절망을 이겨 내려

●　1940년에 식량 소비를 규제하기 위한 일제의 정책. 자국의 품질 좋은 곡식은 일제에 착취당하고, 보리쌀·좁쌀·콩깻묵 등을 배급받았으며, 직접 식료품을 사는 행위는 암시장 거래자(식량 관리법)로 강력히 처벌됨.

는 사람도 많습니다. 현실의 고통을 잊게 하는 것도 결국 꿈이기 때문입니다. 현대그룹의 정주영은 일찌감치 맛본 실패와 절망에 굴하지 않고 끝내 기업가로 성공하겠다는 꿈을 이루었습니다. 그가 끝까지 자신의 꿈을 놓지 않았기에 국가와 사회에 공헌할 수 있었다고 생각합니다. 영화 〈찬실이는 복도 많지〉의 주인공 찬실 역시 자신의 무릎을 꺾은 꿈에 실망하면서도 꿈으로 다시 새로운 삶을 모색합니다.

절망에서 빠져나오게 하는 힘

영화 제목과 달리 찬실은 정말 '지지리도' 복이 없습니다. 찬실은 영화 프로듀서로 영화 제작 전반을 관리하는 일을 합니다. 감독이 연출에 집중하도록 스태프 관리, 배우 섭외 등 실무를 관리하는 역할이지요. 한마디로 가까운 거리에서 감독을 돕는 살림꾼입니다. 그런데 새 영화 촬영을 앞두고 고사를 지낸 날, 황망한 일이 생깁니다. 스태프, 배우들과 함께 술을 마시던 감독이 심장마비로 급작스레 세상을 떠난 겁니다.

함께 일하던 감독이 숨지면서 찬실은 하루아침에 일자리를 잃습니다. 다른 영화의 프로듀서로 옮길 만도 한데, 그동안 한 명의 감독하고만 영화를 만든 이력이 발목을 잡습니다. 돈 나올 구멍이 사라지자 찬실은 산동네 단칸방으로 이사를 갑니다.

앞으로 어떻게 먹고살지 궁리하던 그는 친한 배우 소피의 가사

도우미를 자처합니다. 찬실의 나이는 이미 마흔이라 새로운 일을 시작하려 해도 그를 받아 줄 만한 곳은 없습니다. 이제껏 모은 돈도 딱히 없지요. 만약 우리가 옴짝달싹히지 못할 정도로 곤경에 처한 찬실과 같은 처지에 놓인다면 어떨까요?

사실 찬실이 겪는 곤경은 누구에게나 일어날 만한 일입니다. 자신의 의지와 상관없이 일자리를 잃을 수도 있고, 경제적 어려움에 허덕일 수 있습니다. 일에 빠져 연애와 결혼을 남의 일처럼 무관심하게 대하다가 문득 홀로 남은 자신을 발견하고 고독감에 젖을 수도 있지요.

삶에서 곤경을 만나면 누군가는 출구 없는 터널을 달리는 것처럼 좌절합니다. 그런가 하면 누군가는 어려움을 딛고 일어서 새로운 삶을 개척합니다. 그렇다면 찬실이 다시 일어설 수 있게 하는 힘은 어디서 오는 걸까요? 이 영화는 절망을 극복하는 힘에 대해 이야기합니다.

절망에서 꿈을 되새기다

영화 일을 자의 반 타의 반 그만뒀어도 찬실의 주변에는 영화인들이 대부분입니다. 이사 날에 찬실을 도와 짐을 옮겨 준 이들은 함께 일했던 영화 스태프입니다. 소피는 찬실의 고용주이지만 배우이자 찬실의 절친한 후배로서 어려움을 함께 나눕니다. 소피의 프랑스어 선생이자 단편영화 감독인 김영에게 찬실은 잠깐 연정을 품지

만 곧 두 사람은 친한 누나 동생 사이가 됩니다. 그리고 찬실에게만 보이는 러닝셔츠 차림의 유령도 등장하는데, 이름은 장국영입니다.

찬실은 주변 사람들을 통해 자신의 옛날 꿈을 새삼 돌아보고, 지금 당장 해야 할 일이 영화라는 걸 깨닫습니다. 특히 자신이 영화인을 꿈꾸던 시절에 즐겨 봤던 비디오테이프와 영화 잡지, 라디오 방송 녹음테이프를 발견하고 감회에 젖어 다시 꿈을 꿉니다.

찬실은 주변 사람들이 일을 그만둔 자신에게 큰 힘이 되리라 생각하진 않은 듯합니다. 자신조차 영화 일을 다시 하기 힘들 것이라 생각했으니 일터에서 만났던 스태프나 배우 들이 도움을 주진 못하리라 여겼겠지요. 비록 그들이 찬실에게 경제적 도움을 주진 못하더라도 용기를 낼 수 있게 자극을 줍니다. '봄에는 영화를 만들자'며 희망을 건네고, 시나리오를 써 보라고 말하기도 합니다. 장국영은 정말 영화를 그만둬도 괜찮겠냐고 물으며 찬실을 다독입니다.

찬실의 마음은 "나는 오늘 하고 싶은 일만 하고 살아. 대신 애써서 해."라는 집주인 할머니의 말에 가장 크게 흔들립니다. 인생의 황혼을 맞았지만 하고 싶은 일에 최선을 다한다는 할머니의 말은 찬실의 가슴속에 깊이 새겨집니다. 이렇게 찬실은 자신의 꿈이 무엇인지 새삼 깨닫습니다.

다시 말해 찬실이 해야 할 일이자 가장 하고 싶은 일은 영화입니다. 그리고 찬실은 애써서 하다 보면 새로운 길이 열릴 수 있다는 희망을 품습니다. 스태프들이 놀러 온 어느 겨울밤, 찬실은 달을 올

려다보며 기원하듯 말합니다.

"우리가 믿고 싶은 것. 하고 싶은 것. 보고 싶은 것."

이 말이 수식하는 것은 결국 영화입니다.

다음에 이어지는 영화 속 장면은 찬실이 무슨 일을 했는지 명확히 보여 줍니다. 홀로 영화관에 앉은 장국영이 영화를 보고선 기립박수를 칩니다. 찬실이 만든 영화임이 분명합니다. 스크린에서는 열차가 터널을 나와 새하얀 눈의 세계를 맞이하지요. 이는 찬실에게 드리워진 절망과 방황의 막이 내렸음을 의미합니다. 자신을 절망에 빠뜨렸던 꿈에 다시 도전함으로써 찬실은 절망으로부터 벗어났습니다.

생존이 본질을 앞서는 경우가 종종 있지만, 본질을 파고들어야만 생존하는 경우도 적지 않습니다. 절망 속에서 꿈을 되새길 수 있었기에 '찬실이는 복도 많은' 사람 아닐까요?

(2관)

갈등과 화해

인생은 혼자
살 수 없다

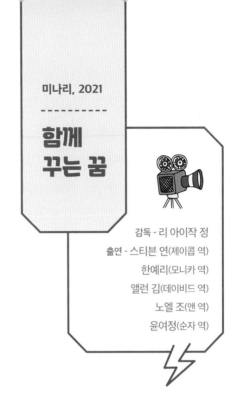

미나리, 2021

- - - - - - - - - -

함께
꾸는 꿈

감독 - 리 아이작 정
출연 - 스티븐 연(제이콥 역)
한예리(모니카 역)
앨런 김(데이비드 역)
노엘 조(앤 역)
윤여정(순자 역)

부푼 꿈을 안고 미국으로 향하다

2021년, 대한민국을 들뜨게 한 소식이 전해졌습니다. 영화배우 윤여정이 미국 아카데미상 시상식에서 한국인 최초로 여우조연상을 받은 일이지요. 여러 어려움을 이겨 내고 꾸준히 연기 활동을 펼친 배우가 인생 후반기에 이룬 성취라 더 큰 갈채를 받았습니다. 물론, 영화 〈미나리〉는 윤여정의 아카데미 수상작이라는 이유 말고도 유심히 들여다봐야 할 가치가 있는 작품입니다.

이 영화의 배경은 1980년대입니다. 아메리칸드림을 품고 미국으로 이주한 제이콥 가족을 중심으로 이야기가 펼쳐집니다. 제이콥은 미국에 가면 무슨 일을 하든 행복하게 살 수 있고, 한국에서 꿈꾸기 어려운 성공을 거둘 수 있으리라 믿습니다. 그의 꿈은 자신의 농장을 가지는 것이지요.

그렇게 제이콥 가족은 꿈을 품고 미국에 왔지만 이들이 마주친 현실은 냉정하기만 합니다. 캘리포니아주를 거쳐 정착한 아칸소주는 생활하기에 만만치 않은 곳입니다. 집은 이동식 트레일러 주택이라 임시 거처나 다름없습니다. 넓은 땅이 있어도 개간해 농작물을 키우려면 품이 많이 드는 데다가 우물도 필요하지요.

제이콥과 아내 모니카는 병아리 감별사로 일하는데 부부가 일하는 동안 큰딸 앤과 아들 데이비드를 돌봐 줄 사람도 마땅치 않습니다. 더군다나 데이비드는 심장병을 앓고 있는데, 병원도 먼 곳에 있어 혹시라도 응급 상황이 생기면 발 빠르게 대처하기도 어렵지요. 그래서 아이들을 돌봐 주기 위해 모니카의 어머니인 순자가 미국으로 건너옵니다.

순자와 함께 살면서부터 제이콥 가족은 조금씩 안정을 찾아 가는 듯합니다. 하지만 여전히 이들 앞에 여러 난관이 기다리고 있지요. 미국에서 태어나 자란 데이비드는 한국 문화를 전혀 몰라 순자를 멀리합니다. 제이콥은 우여곡절 끝에 농작물 수확에 성공하지만 판로(상품을 팔 수 있는 길)가 막힙니다. 설상가상으로 가족이 정신적·물리적으로 의지했던 순자가 몸져눕습니다. 한꺼번에 닥친 위기는 점차 가족 사이에 불화의 싹을 틔웁니다.

이 모든 일이 가족을 배려하지 않았던 제이콥의 허황된 꿈 때문이었을까요? 고립된 생활을 하며 기댈 곳 하나 없는 제이콥 가족은 과연 위기에서 벗어날 수 있을까요?

꿈은 현실이 될 수 있을까

제이콥은 평소 데이비드에게 사람은 머리를 써야 한다고 말합니다. 냉철한 판단력과 지혜만 있으면 어떤 어려운 일이 닥쳐도 슬기롭게 헤쳐 나갈 수 있다고 믿지요. 여기에 더해 성실한 태도도 강조합니다. 제이콥은 원대한 꿈, 현명한 머리, 성실한 자세까지 갖추었으니 충분히 성공할 자격을 가진 인물이지요. 하지만 현실에 발목을 계속 잡힙니다.

어린 데이비드는 자다가 이불에 오줌을 싸는 실수를 종종 저지릅니다. 분명 변기가 앞에 있어서 마음 편하게 소변을 본 건데, 깨보니 그게 꿈이었음을 매번 깨닫는다고 고백하지요. 순자는 데이비드에게 꿈에서 소변을 보려 할 때마다 "이것은 꿈이야."라는 말을 반복해 외치며 깨어나라고 조언합니다.

독단적으로 가족을 이끌고 시골 마을에 와 자신만의 목표를 이루려는 제이콥의 바람과 데이비드가 꾸는 꿈은 그리 달라 보이지 않습니다. 제이콥은 이것이 모두를 위한 일이라고 믿지만 그로 인해 가족이 얼마나 힘들어하는지 헤아리지 못하지요. 꿈만 보고 달리다 점점 더 나락으로 빠지고 있으니까요. 영화는 이를 통해 제이콥이 꿈에서 깨어나 현실을 인지하고 좀 더 실현 가능한 일을 도모해야 한다고 넌지시 말하는 것 같습니다.

영화에서 이와 비슷한 메시지를 던지는 장면이 또 있습니다. 제이콥이 고군분투하며 농장을 일구는 동안에 순자는 한국에서 챙겨온 미나리 씨를 집 근처 물가에 심습니다. 미나리는 어디서든 잘 자라난다고 말하면서요. 이를 통해 미국이라는 특수성을 생각하지 않고 자신의 고집대로 일을 추진하는 제이콥과 순자의 모습이 대비됩니다. 제이콥은 농사에 필요한 물을 대기 위해 자기 힘으로 우물을 파는 등 노력을 기울이지만 결국 물이 바닥나 버리며 난처한 상황에 빠집니다. 이에 비해 순자가 심은 미나리는 별 관심을 주지 않아도 스스로 무성하게 잘 자라나지요.

가족의 꿈은 혼자 꿀 수 없다

제이콥의 꿈은 가족의 뜻과 동떨어져 있습니다. 그는 자신의 계획이 성공하면 가족 모두 행복해질 수 있다고 믿지요. 농장을 번듯하게 일궈 성공하는 모습을 아이들에게 보여 주고 싶기도 하고요. 여기에는 가장으로서 스스로 모든 일을 책임지고 이끌어야 한다는 전통적인 가부장 의식이 크게 작용하는 것으로 보입니다.

모니카는 이런 남편의 생각에 불만을 품습니다. 원래 살던 캘리포니아주를 떠나 아칸소주로 이사 올 때도 제이콥은 지금의 상황이나 앞으로의 계획을 아내인 모니카에게 명확히 설명하지 않았기 때문이지요. 심지어 모니카는 트레일러 집에 살아야 한다는 사실도 이사하고 나서야 알았을 정도였지요. 제이콥은 집 앞에 넓은 땅이 왜 필요한지 제대로 말하지 않고, 그저 큰 정원을 하나 만들 거라며 둘러댑니다. 또 농사에 쓸 물이 바닥나 가족이 함께 써야 할 식수를 끌어다 쓰면서도 이에 대해 말 한마디 꺼내지 않습니다.

모니카는 남편을 못마땅해하면서 순자에게 "저이는 내가 모르는 줄 아는가 봐."라며 불만을 털어놓습니다. 주변에 의지할 사람도 하나 없는 상황에서 남보다 더 가깝게 지내야 할 부부 사이지만 오히려 불신만 쌓여 갑니다. 모니카는 아들 데이비드를 위해서라도 도시로 나가야 한다고 생각합니다. 이곳에 제이콥을 홀로 남겨 두는 한이 있더라도요.

하지만 위태로워 보이던 가족에게 희망의 싹이 보이기 시작합니다. 제이콥은 창고에 쌓인 농작물을 내다 팔 길을 찾게 되고, 데이비드의 몸 상태가 나빠진 것 같아 병원을 찾았는데 기적처럼 심장이 많이 좋아졌다는 진단을 받습니다. 의사는 부부에게 지금까지 하던 그대로 하면 된다고 말합니다. 그렇게 일이 술술 풀리려는 도중에 모니카가 제이콥에게 이별을 고합니다. 더는 제이콥만의 꿈을 위해 나머지 가족이 희생할 수 없다는 이유였지요.

서먹한 마음으로 집으로 돌아온 이들 앞에 예상치 못한 광경이 펼쳐집니다. 뜻밖에 발생한 문제를 해결하며 서로 하나가 되고, 가족의 소중함을 새삼 깨닫습니다. 그날 밤 제이콥 가족은 거실 바닥에 모여 함께 잡니다. 아칸소주로 이사 온 첫날 제이콥이 제안했다가 이루지 못한 일이었지요. 이는 꽤 상징적인 장면입니다. 가족은 그저 함께 모여 살기만 하면 되는 게 아니라, 함께 꿈을 꿔야 한다고 말하는 것만 같습니다.

이날 이후 제이콥은 달라집니다. 전처럼 모든 것을 혼자 짊어지려 하지 않고 주변에 좀 더 마음을 엽니다. 그는 수맥을 잘 읽는 전문가의 도움을 받아 물길을 찾고 땅을 다시 다져 나갑니다. 영화 마지막 부분에서 제이콥은 데이비드와 함께 순자가 미나리를 심은 곳을 찾습니다. 미나리는 잘 자라 군락을 이루고 있습니다. 마치 여러 갈등과 고비를 겪으며 미국에 뿌리내린 제이콥 가족처럼요.

제아무리 높은 꿈을 가지고 강한 의지로 밀어붙인다 해도 예상치 못한 상황은 언제든 찾아올 수 있고, 어려움도 생기기 마련입니다. 그 어려움을 가족과 나누고, 같은 곳으로 함께 나아간다면 험난한 세상이라도 헤쳐 나가는 힘이 생길 겁니다. 이것이야말로 영화가 우리에게 전하는 메시지 아닐까요?

우리 집, 2019

가족을
지키기 위한
가출

감독 - 윤가은
출연 - 김나연(이하나 역)
　　　김시아(오유미 역)
　　　주예림(오유진 역)
　　　안지호(찬 역)
　　　최정인(수진 역)

가족, 누구보다 가깝지만 먼 사이

일본의 유명 코미디언이자 영화감독인 기타노 다케시北野武는 가족에 대해 '누가 보지 않으면 내다 버리고 싶은 존재'라고 말한 적이 있습니다. 극단적인 독설이지만 이 말에 고개를 끄덕이는 이들도 있을 겁니다.

몇몇 경우를 빼고 대부분 우리는 가족을 선택하지 못합니다. 태어나면서 부모와 형제자매는 이미 결정된 것이지요. 가족이라는 운명을 별 저항 없이 받아들이는 이들도 있지만 누군가는 자신의 의사가 전혀 반영되지 않은 가족 관계를 부당하다고 생각할 수 있습니다. 마음에 안 드는 친구와는 절교하면 그만이지만 가족은 마음대로 쉽게 끊을 수 없습니다. 가족 구성원과 사이가 좋지 않아 교류를 끊으면 사회적 비난을 받는 경우도 종종 있고요. 그렇다고 모든 사람이 가족과 좋은 관계를 억지로 유지하는 것은 아닙니다.

혈육에게 본능적으로 끌리는 애정은 무시할 수 없습니다. 오랜 시간 함께 살면서 같이 밥을 먹고, 대화를 나누고, 누구보다 더 가까이 지냈기 때문이지요. 그렇게 쌓인 정은 쉽게 무너뜨리거나 하루아침에 저버리기 참 어렵습니다. 이성적으로 멀리하고 싶어도 감정적으로는 쉽게 거리를 둘 수 없는 게 가족입니다. 어찌 보면 애증의 대상이지요.

하지만 서로에 대한 증오보다 애정이 강하다고 해서 언제나 행복할 수는 없습니다. 가족은 망망대해에 뜬 배와 같아서 폭풍이나 파도 등의 변수가 닥치면 언제든 위기에 빠질 수 있습니다. 여기에 가장 크고 흔하게 작용하는 변수는 경제적인 요인과 부부간의 불화입니다.

가족 사이가 아무리 끈끈해도 경제적으로 여유가 없으면 떨어져 살아야 하는 상황도 생기기 마련입니다. 가족이 꼭 같은 공간에 있어야만 행복한 것은 아니지만, 흩어지면 서로의 정을 이전처럼 나누기 힘든 것이 현실입니다.

부부간 불화는 가족 해체까지 이어질 수 있는 위험 요소입니다. 특히 어린 자녀가 있는 부부라면 헤어진 뒤 후유증이나 후폭풍이

거세질 수밖에 없습니다. 자녀가 부모 사이의 일에 관여할 여지는 매우 적습니다. 불행히도 자녀의 의지와는 무관하게 부모가 헤어지는 상황을 받아들여야 하는 경우가 대부분이지요. 자녀는 부모를 마음대로 선택할 수 없듯, 부모의 이혼도 어찌할 수 없습니다.

영화 〈우리 집〉은 이처럼 가족을 뒤흔드는 가장 흔한 두 가지 변수를 바탕으로 이야기를 풀어 나갑니다. 이야기의 중심에 선 인물들은 각각 열두 살, 열 살, 일곱 살 친구들입니다. 세 친구가 어린 나이에 극복하기 어려운 문제와 마주하면서 벌어지는 이야기를 그렸지요.

식구, 같이 밥 먹는 사이

영화 〈우리 집〉은 스크린에 열두 살 하나의 얼굴을 가득히 비추며 시작합니다. 난처한 표정의 하나를 앞에 두고 부모는 가시 돋친 말을 주고받습니다. 어머니는 집안일에 무신경한 남편을 나무라고, 아버지는 자꾸 자신을 몰아세우는 아내를 질색합니다. 서로 한 발씩 양보하고 이해할 생각은 전혀 없어 보이는 부부이지요. 하나의 가족은 위태로워 보입니다.

하나는 서로에게 애정이라곤 없는 듯한 부모 사이에서 접착제 같은 역할을 하고 싶어 합니다. 아직 보살핌을 받아야 할 어린 나이인데도, 가족들이 한자리에 모여 밥을 먹길 바라며 부엌에 들어가 손수 밥상을 차립니다. 초등학생답지 않게 어른스러운 하나의 모습

은 연민을 자아냅니다. 화목한 가정을 위해 하나가 할 수 있는 일이 고작해야 다같이 밥 먹도록 하는 것뿐임을 보여 주기 때문이지요. 그래서 초등학생인 하나가 요리하는 모습은 상징적인 대목입니다.

어느 날 하나는 우연히 마트 시식 코너에서 정신없이 음식을 먹는 유진을 보고 동정심을 느낍니다. 그래서 유진을 따라가 어디에 사는지 알아내고, 유진의 언니 유미와도 안면을 틉니다. 하나는 유미와 유진의 집에서 함께 놀고, 밥을 해 주면서 셋은 금세 친자매 같은 사이가 됩니다.

가족의 또 다른 말인 '식구(食口)'는 '한집에 함께 살면서 끼니를 같이하는 사람'을 뜻합니다. 이런 점에서 하나의 행동은 곱씹어 볼 만합니다. 하나의 가족은 한집에 살지만 같이 밥 먹는 모습을 좀처럼 보기 힘듭니다. 서로가 바빠서이기도 하지만 함께 밥상 앞에 모일 필요성을 못 느끼기 때문이지요. 물론 가장 큰 원인은 부부간의 불화이고요.

그렇다면 유미와 유진의 가족은 어떨까요? 두 자매에게 부모는 있어도 없는 것과 마찬가지인 상황입니다. 부모가 머나먼 곳에 있는 공사 현장에서 도배 일을 하며 생계를 이어 가니 자매를 돌볼 겨를이 없기 때문이지요. 부모와 떨어진 채 단둘이서 살다시피 하는 자매에게 가족이 옹기종기 모여 따뜻한 밥 한 끼를 먹는 것은 사치나 마찬가지입니다. 가족과 같이 살아도 함께 밥을 먹을 수 없는 하나와 크게 다를 바 없는 처지이지요.

서로 다른 이유로 결핍을 느끼는 하나, 유미, 유진 이들 세 사람은 함께 머무는 시간이 늘어 갈수록 식구 같은 사이가 됩니다. 그래서 하나는 하루아침에 이사를 가아 할 위기에 놓인 유미와 유진을 적극적으로 돕습니다.

여행, 가족의 의미를 찾는 시간

하나는 예전처럼 가족이 단란해질 기회는 가족 여행뿐이라 믿습니다. 예전에 함께 여행을 다녀온 후에 가족이 화목해졌던 기억 때문입니다. 하나가 계속해서 여행을 가자고 조르자 어머니는 처음에 말도 안 된다고 손을 내젓지만 얼마 후에 무슨 심경의 변화가 생겼는지 여행을 가자고 합니다.

여행은 식사와 함께 영화에서 매우 중요한 의미를 담습니다. 여행하는 동안 가족 구성원들은 한배에 탔다는 동지 의식을 가집니다. 생각지도 못한 상황에 같이 대응하며 가족의 의미를 되새기기도 하지요. 또 추억을 쌓으면서 그동안 쌓인 감정의 앙금을 털 수도 있고, 서로 잘해 보자는 새로운 각오를 다질 수도 있습니다.

여행 전날, 잔뜩 들뜬 하나는 누가 시키지도 않았는데 여행 가서 먹을 음식을 정성스레 준비합니다. 이제 맛있는 음식을 먹으며 즐겁게 여행할 일만 남았습니다. 완전히 갈라질 듯했던 가족이 이제 딱 달라붙을 거란 생각에 하나의 가슴속에서는 희망이 부풀어 오릅니다. 하지만 기쁨도 잠시, 하나는 이번 가족 여행이 부모의 이혼을 앞둔 이별 여행임을 뒤늦게 알게 됩니다. 크게 실망한 나머지, 하나는 집을 나갑니다. 그리고 갑자기 연락이 닿지 않는 유미와 유진의 부모를 찾으러 두 자매와 함께 여정에 나섭니다.

어른들의 도움 없이 먼 길을 떠난 세 사람은 처음에는 무척 신이 났지만 조금씩 난처한 상황에 빠집니다. 버스를 잘못 타는 바람에 길을 잃고, 하나는 휴대폰을 잃어버리지요. 나중에는 유미의 휴대폰 배터리마저 방전되어 부모와 연락조차 할 수 없게 됩니다. 여행을 떠나기 전까지 마냥 사이좋고 즐겁기만 했던 세 사람 사이에 조금씩 갈등이 생기고, 결국 불만이 폭발합니다.

정처 없이 걷던 와중에 우연히 주인 없는 빈 텐트를 발견한 세 사람은 그 안에서 하룻밤을 보냅니다. 이들은 언제 다퉜냐는 듯 '여기가 우리 집이었으면 좋겠다'며 서로에게 의지하지요. 가족은 삶이라는 여행에서 서로 싸우기도 하고 다시 화해하기도 하며, 같은 공간에서 먹고 자는 공동체라는 의미가 담긴 장면입니다.

뜻하지 않은 '가족 여행'을 다녀온 후 하나는 깨달음을 얻은 듯합니다. 그는 우여곡절 끝에 다시 돌아온 집에서 식구들을 기다리며 밥상을 차리고, 자신을 찾으러 나갔던 가족들이 집에 들어오자마자 밥을 먹자고 합니다. 그리고 식사 후, 가족들에게 진짜 여행을 떠나자고 말하지요.

하나가 떠나자고 한 여행에는 여러 의미가 있습니다. 설령 가족이 가는 마지막 여행일지라도 좋은 추억 하나만큼은 남기고 싶다는 의지일 수도 있고, 가족이 흩어지더라도 자신의 삶을 단단히 살겠다는 각오로도 읽을 수 있습니다. 하나는 인생의 커다란 시련 앞에 있지만 이를 무사히 보낸다면, 삶에 어떤 풍파가 오더라도 견딜 수 있는 단단한 마음을 갖게 되지 않을까요?

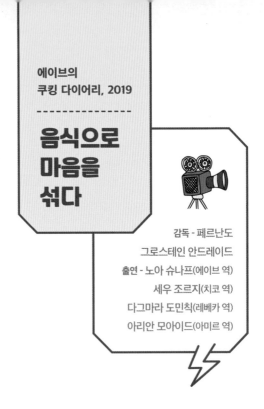

에이브의
쿠킹 다이어리, 2019

음식으로
마음을
섞다

감독 - 페르난도
그로스테인 안드레이드
출연 - 노아 슈나프(에이브 역)
세우 조르지(치코 역)
다그마라 도민칙(레베카 역)
아리안 모아이드(아미르 역)

피보다 더 진한 것

여러분이 생각하는 유대인은 어떤 모습인가요? 다수의 서양인에게 '유대인은 얼굴이 좁고 매부리코에 눈이 부리부리하다'는 고정관념이 있다고 합니다. 하지만 동양인의 입장에서는 유대인도 여느 백인처럼 생겼으리라 짐작할 겁니다. 과연 어떨까요?

1860년대 영국 선교사들은 아프리카 에티오피아 산악 지역에서 한 공동체를 발견했습니다. 이들은 「구약성서」의 율법을 엄격히 지키는 등 고대 유대교 신앙을 온전히 유지했고, 에티오피아 지역에서 살았으니 당연하게도 아프리카인의 모습이었지요.

한 유대인 학자가 그 공동체를 찾아가 자신이 당신들과 같은 민족이라고 말하자, 이들은 오히려 '유대인이 어떻게 백인일 수 있냐'는 반응을 보였다고 합니다. '팔라샤(Falashia)'라고 불리는 이들은 3,000여 년 전 솔로몬 왕과 시바 여왕•의 아들인 메넬리크 1세 Menelik I의 후손이거나 '단(Dan) 지파'••의 후손일 거라는 추측이 있을 뿐 언제, 어떻게, 무슨 이유로 에티오피아 지역에 정착했는지는 그 누구도 정확히 모릅니다.

제2차 세계대전 이후, 유대인들은 팔레스타인 지역에 이스라엘을 건국합니다. 팔레스타인 지역을 위임 통치 중이던 영국과 미국 등의 지원으로 나라를 세울 수 있었지요. 2,000여 년 동안 나라 없이 떠돌다가 비로소 조상이 살던 곳에 나라를 세웠으니 유대인들에게 감개무량한 일이었을 겁니다.

다만 하루아침에 터전을 빼앗긴 팔레스타인인과 조상 땅을 되찾은 유대인 사이에 물리적인 충돌은 피할 수 없었지요. 이스라엘과 팔레스타인 간 분쟁이 지금도 진행 중이고, 중동 지역은 세계의 화약고로 손꼽힙니다. 민족이 다른 데다 종교까지 다르니 갈등

• 아라비아반도 남서부에 살았던 시바족의 여왕. 그와 이스라엘왕국 제3대 왕인 솔로몬 사이에서 태어난 아들 메넬리크 1세가 에티오피아를 건국했다는 전설이 전해짐.

•• 「구약성서」에 따르면 고대 이스라엘 민족은 12개 지파로 나뉘는데, 그중 하나가 단 지파임. 단은 야곱이 빌하에게서 얻은 다섯 번째 아들.

의 골은 깊을 수밖에 없습니다. 이스라엘은 건국 이후에 세계 각지의 유대인들을 적극적으로 불러들입니다. 1980년대 에티오피아가 내전에 접어들면서 팔라샤가 위기에 처하자 이스라엘 정부는 구출 작전에 나섰고, 그렇게 2만여 명의 팔라샤도 이스라엘로 들어왔습니다. 이후 후손을 포함해 팔라샤의 수는 13만 명을 훌쩍 넘겼습니다. 흔히 피는 물보다 진하다고 하는데, 유대인에게는 피보다 진한 게 문화와 전통일지도 모릅니다.

〈에이브의 쿠킹 다이어리〉의 주인공인 에이브의 삶은 이스라엘과 팔레스타인의 갈등을 그대로 보여 줍니다. 자신의 선택과 무관하게 종교, 문화, 전통의 복잡한 갈등 형태로 얽혀 있어 난처한 상황이지요. 과연 어떤 사연이 있는 걸까요?

아브라함, 이브라힘, 에이브러햄이 아닌 '에이브'

에이브는 미국 뉴욕에 사는 열두 살 소년입니다. 에이브의 친가는 팔레스타인계 무슬림 집안이고 외가는 이스라엘계 유대인 집안입니다. 그런데 가족들의 반대를 무릅쓰고 결혼한 에이브의 부모는 정작 무신론자입니다. 상황이 이렇다 보니 에이브는 양쪽 집안 사이에서 시달립니다. 친가나 외가 식구들과 함께하는 가족 식사는 괴로운 시간이지요.

외가에서는 에이브를 아브라함이라 부르고, 친가에서는 이브라힘이라고 부릅니다. 그리고 친구들은 에이브러햄이라고 부르지요.

사실 아브라함, 이브라힘, 에이브러햄은 서로 다른 호칭은 아닙니다. 아브라함과 이브라힘은 표기만 다를 뿐 동일 인물입니다.● 에이브러햄은 영어식 표기고요.

하지만 이 세 가지 호칭에는 종교, 역사, 문화가 스며 있습니다. 에이브가 아브라함을 택하면 유대인이 됩니다. 이브라힘을 택하면 무슬림이 됩니다. 에이브러햄을 택하면 자신의 출신 배경을 모두 거부하는, 정체성 없는 존재가 됩니다. 그런데 에이브는 여기서 어떤 이름도 고르고 싶지 않습니다. 그저 누군가의 아들이자 손자, 그리고 평범한 소년으로 살고 싶을 뿐입니다. 그래서 에이브라고 불리길 원합니다.

물론 에이브는 친가와 외가 양쪽의 문화와 전통을 존중합니다. 세계 여러 나라의 음식에 관심이 많은 그는 문화와 전통의 역할을 잘 알기에 어느 한쪽만 택하지 않습니다. 에이브는 유대교의 성년식을 치르는 한편, 무슬림 전통에 따라 라마단●●때 금식을 하지요.

그러나 어른들의 생각은 다릅니다. 친가와 외가 모두 에이브가 자신들의 방식으로 살아가길 원하지요. 결혼한 지 10년이 넘게 지났는데도 끝날 기미를 보이지 않는 양가의 대립으로 에이브의 부모 사이에도 갈등의 골은 깊어집니다.

●　　　　「구약성서」에 나오는 이스라엘 민족의 시조.

●●　　　　이슬람력 기준 아홉 번째 달. 이 기간에는 해가 떠 있는 동안 식사, 흡연, 성행위가 금지됨.

맛을 섞으면 사람도 뭉친다

에이브의 친가와 외가가 이토록 서로를 배척하는 모습은 어느 정도 이해가 됩니다. 유대인은 오랜 세월 외지를 떠돌면서도 자신들의 문화와 전통을 굳게 지키려 했습니다. 나라 없는 그들을 보호하는 건 오직 공동체뿐이었고, 공동체의 구심점은 문화와 전통이기 때문입니다. 오랫동안 유대인의 전통을 지키며 살다 보니 다른 민족이나 종교에 배타적이기 쉽고, 이러한 배타성은 종종 공격성을 띠기도 합니다.

팔레스타인인들도 마찬가지입니다. 팔레스타인 공동체는 이스라엘 건국으로 파괴됐습니다. 그들에게 유대인은 무도한 침략자일 뿐입니다. 공동체를 지키고 예전처럼 자신들의 땅에서 평화롭게 살기 위해서는 정체성을 유지하는 일이 가장 중요합니다. 2,000여 년을 떠돌다 나라를 세운 유대인처럼 말이지요.

좀처럼 섞일 구석이 보이지 않는 두 집안 사이에 낀 에이브에게 해결책은 없을까요? 에이브의 음식 선생이자 멘토인 요리사 치코는 에이브에게 '맛을 섞으면 사람도 뭉친다'고 조언합니다. 그 말에 에이브는 양가의 화해를 도모하고 부모의 헤어짐을 막기 위해 특별한 저녁 식사 자리를 제안하지요. 그리고 이스라엘과 팔레스타인의 전통 음식, 유대인과 무슬림 레시피를 섞어 만든 음식을 손수 준비합니다.

하지만 가족들의 관계가 음식 하나로 갑자기 좋아질 리는 없습

니다. 에이브는 기대가 무너지자 또다시 상처를 받지요. 그러나 처음에는 음식에 거부감을 드러내며 대립하던 양가 식구들은 일련의 사건으로 인해 뒤늦게 에이브가 만든 음식을 맛봅니다. 그리고 이를 계기로 오랫동안 얼어 있던 마음이 조금씩 풀립니다. 가족들은 그동안 에이브를 위한답시고 했던 언행이 얼마나 그를 힘들게 만들었는지 깨닫지요.

영화 속에서 그들의 갈등이 매우 단순하게 해결되는 것 같지만 메시지는 꽤 묵직합니다. 에이브의 단순 명쾌한 해법이 어쩌면 복잡다단한 민족·나라·종교 간의 갈등을 해결하는 묘책이 될 수도 있다는 것이지요.

현재 이스라엘 정부는 자국 내 팔레스타인인을 유대인과 떨어져 살게 하는 분리 정책을 펼치고 있습니다. 자국민의 안전을 이유로 팔레스타인인 거주 지역과 유대인 거주 지역 사이에 높다란 장벽도 만들었습니다. 에이브가 만든 화합의 레시피처럼 팔레스타인인과 유대인이 섞여서 서로 적당히 어우러져 살기 위한 방법은 무엇일까요?

어디 갔어, 버나뎃,
2019

마음의 상처, 소통으로 지우다

감독 - 리처드 링클레이터
출연 - 케이트 블란쳇
(버나뎃 폭스 역)
빌리 크루덥
(엘진 브랜치 역)
엠마 넬슨(비 브랜치 역)

서로 말하지 않아 일어날 뻔한 전쟁

1962년 10월, 인류는 '쿠바 미사일 위기'로 핵전쟁 직전까지 가는 위협을 겪습니다. 제2차 세계대전 이후 세계는 미국과 소련을 중심으로 양분되었고요. 소련은 공산주의를 전 세계에 전파하려 하고, 미국은 공산주의 확산을 막으려 나서면서 이른바 '냉전' 시대가 열렸습니다.

양 진영이 국제사회에서 으르렁대며 신경전을 펼치는 가운데, 1959년 쿠바에서 혁명이 일어납니다. 친미 독재를 펼쳤던 풀헨시오 바티스타Fulgencio Batista 정권을 몰아낸 피델 카스트로Fidel Castro는 미국과 대립하며 생존을 모색하기 위해 소련과 손을 맞잡습니다.

미국보다 핵전력이 열세임을 느꼈던 소련은 쿠바와의 관계를 이용했지요. 미국 바로 밑에 위치해 있는 쿠바에 핵미사일을 배치하려 했고, 정찰기를 통해 이를 발견한 미국은 화들짝 놀라 대응에 나섰습니다. 먼저 미국은 군함과 전투기를 배치해 쿠바 영해를 봉쇄하고 소련 배를 막았습니다. 소련과 미국이 한 치의 양보 없이 대치하는 가운데, 핵 단추를 누르기 일보 직전까지 가는 상황이 여러 번 발생했습니다.

그중 하나가 소련 배를 호위하던 핵잠수함 B-59가 쿠바로 향하다 미국 함정이 쏜 폭뢰*와 마주한 사건입니다. 원래 폭뢰의 목적은 타격이 아니라 B-59를 수면 위로 올라오게 하기 위함이었습니다. 그러나 이를 실제 타격으로 오인한 소련 핵잠수함 함장은 이를 전쟁 발발 상황이라 보고, 본국과 통신이 이뤄지지 않은 상태에서 핵탄두를 장착한 어뢰를 쏘려 했지요. 미국의 추적을 따돌리기 위해 B-59가 너무 깊이 잠수 중인 데다 산소는 부족했고 통신도 할 수 없는 상태였기 때문입니다.

이때 부함장이 핵어뢰 발사에 반대하려 나섰습니다. 인류의 존망이 걸린 중대한 사항이니 본국과 통신하고 결정하자는 주장이었지요. 결국 핵 어뢰는 발사되지 않았습니다. 일촉즉발의 상황에서

● 　　물속에서 일정한 깊이에 이르면 저절로 터지도록 만든 폭탄.

한 사람의 용기와 기지가 핵전쟁을 막은 것이지요. 참고로 그 부함장의 이름은 바실리 아르히포프 Vasili Arkhipov 입니다.

그 후 미국과 소련은 몇 번의 벼랑 끝 대치 후 이성을 찾고 해결에 나섰습니다. 소련은 쿠바에 핵미사일을 배치하지 않고, 미국은 소련을 겨냥해 터키에 배치했던 핵미사일을 철수하기로 결정했습니다. 양국의 정상끼리 바로 연락할 수 있는 직통전화인 핫라인도 설치했지요. 그 이후에도 미국과 소련은 종종 충돌했지만 쿠바 미사일 위기 때처럼 인류 전체를 공포의 도가니로 몰아넣는 상황은 만들지 않았습니다. 여전히 적대적인 관계였지만 치명적인 오해가 생길 때마다 그때그때 막았기 때문입니다.

영화 〈어디 갔어, 버나뎃〉을 보면 쿠바 미사일 위기가 떠오릅니다. 한 사람의 지극히 사적인 일을 다루는 영화와 쿠바 미사일 위기가 언뜻 관련 없어 보이지만 영화를 보고 나면 두 이야기에서 얻을 수 있는 교훈이 비슷합니다. 둘 다 자신의 입장만 생각하고, 주변 사람을 이해하려 하지 않을 때 생기는 위기와 그 극복 과정을 말하기 때문이지요.

천재 건축가는 왜 문제적 이웃이 되었을까

버나뎃은 소위 '천재들만 받는 상'이라 불리는 '맥아더 펠로우십(MacArthur Fellowship)'을 최연소로 수상한 여성 건축가입니다. 그는 젊어서부터 재능을 마음껏 발휘하며 건축계를 떠들썩하게 만든 프로젝트를 여러 차례 맡기도 했습니다. 게다가 남편 엘진은 마이크로소프트 프로그래머로 주목받는 인재이지요.

버나뎃은 사는 데 부족함이 없어 보이지만 정신적으로는 불안해 보입니다. 타인과의 접촉을 극도로 꺼리기 때문에 인공 지능(AI) 비서 '만줄라'에만 의지한 채 가까스로 생활을 이어 갑니다. 집안일부터 비행기 티켓 예매, 낚시 조끼 구매까지 만줄라의 도움을 받지 않는 일이 거의 없을 지경이지요. 게다가 그는 늘 불면증과 강박증에 시달립니다. 가족 말고는 사람들과 잘 섞이지 못해 이웃과 늘 신경전을 벌이지요.

그런 버나뎃을 유일하게 믿어 주고 아껴 주는 사람은 중학생 딸 비입니다. 남편 엘진과의 사이도 나쁘지 않지만 속마음을 터놓고 오랜 대화를 나눌 정도는 아닙니다. 딸 말고 버나뎃의 유일한 대화 상대는 만줄라뿐이지요. 버나뎃은 만줄라에게 이런저런 지시를 내리면서 그 사이사이 자신의 어려움을 토로하거나 신세를 한탄합니다. 하지만 만줄라는 감정도 없고 공감할 수도 없는 존재입니다. 소통이 불가능하지요. 이렇듯 버나뎃은 정상적인 의사소통을 하지 못한 채 살아갑니다.

그러다 버나뎃이 크게 의지하던 만줄라의 배후에 러시아 범죄 조직이 있었다는 사실이 밝혀집니다. 러시아 범죄 조직이 만줄라를 통해 버나뎃의 온갖 개인 정보를 확보하고, 버나뎃 가족의 재산을 통째로 차지하려다가 미국 연방수사국(FBI)에 적발된 것이지요.

엘진은 은둔형 외톨이처럼 변해 버린 아내를 못마땅하게 여기던 차에 만줄라 사건을 계기로 버나뎃을 더욱 강하게 몰아붙입니다. 심지어 비니뎃을 정신병원에 강제로 입원시키려 하지요. 버나뎃은 일련의 사건에 큰 충격을 받고 곤경에서 벗어나기 위해 가족에게 말도 없이 도망치듯 가출을 합니다.

눈을 맞추고 말하면 세상이 달라진다

사실 버나뎃이 사람을 멀리한 데는 그럴 만한 이유가 있었습니다. 손을 대기만 하면 모든 게 유명해지던 시절, 열정 넘치는 건축가였던 버나뎃은 혼신의 힘을 다해 지은 집이 단 몇 달 만에 무자비하게 철거되는 사건을 겪습니다. 이 사건으로 그는 정신적인 큰 충격과 상처를 받아 건축 일을 놓아 버리고 자신만의 세상으로 빠져 들었습니다.

그리고 그런 버나뎃을 가장 잘 이해하는 사람이 바로 딸 비였지요. 하지만 어린 딸이 어머니를 위해 할 일은 그리 많지 않습니다. 그저 이야기를 듣고 위로하는 정도입니다. 정작 버나뎃에게 힘이 되어야 할 엘진은 일에 몰두하느라 아내의 상처가 얼마나 깊은지 모릅니다. 버나뎃은 마음을 치유할 방법을 찾지 못하고, 스스로를 지키기 위해 남들과 단절되는 길을 택합니다.

아무도 모르게 사라진 버나뎃은 가족과 함께 가기로 약속했던 남극행 여행선을 탑니다. 남극은 비가 학교 졸업 기념으로 가고 싶

어 했던 곳이지요. 남극에 도착한 그는 남극 기지에 새로 건물이 지어질 예정이라는 이야기를 듣습니다. 건축 일을 다시 하고 싶은 열망을 품었던 버나뎃은 남극 기지로 향합니다. 한편 엘진은 비와 함께 버나뎃을 찾으면서 그간 아내가 겪었을 고통과 상처를 뒤늦게 이해합니다. 아내의 아픔을 전혀 이해하려 하지 않은 채 자신의 입장만 내세우기 급급했던 과거를 후회하기도 하지요.

버나뎃은 새로운 꿈을 안고 남극 기지로 향하면서 이 사실을 가족에게 알리려 합니다. 여행을 통해 자신의 본질을 되찾고, 그동안 제대로 하지 못했던 가족과의 소통을 원한 것이지요. 이렇게 영화는 완전한 이해를 바탕으로 서로 눈을 맞추며 소통해야 갈등을 해결할 수 있다는 의미를 전합니다.

이해와 소통이 이뤄지기 전까지 버나뎃의 가족은 위태롭기만 했습니다. 이해와 소통의 부재가 만든 파국이 사람들을 불행하게 만든다는 점에서, 앞에서 말한 미국·소련의 대립과 영화의 의미는 맞닿아 있습니다.

이후 버나뎃은 건물을 실제로 이용할 사람들의 요구를 자세히 파악해 건축 설계에 적극 반영합니다. 공간을 만드는 과정에서 제대로 된 이해와 소통이 얼마나 중요한지 깨달은 것이지요. 영화에서 버나뎃의 직업을 왜 건축가로 설정했는지 짐작이 가지 않나요?

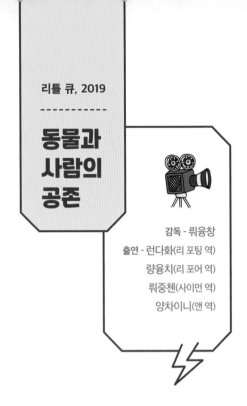

리틀 큐, 2019

동물과
사람의
공존

감독 - 뤄융창
출연 - 런다화(리 포팅 역)
량융치(리 포어 역)
뤄중첸(사이먼 역)
양차이니(앤 역)

동물에 대한 사람의 예의

1996년 11월, 연말을 겨냥한 영화 한 편이 미국에서 개봉되었습니다. 디즈니 애니메이션 〈101마리의 달마시안 개〉(1961년)를 실사영화로 만든 〈101 달마시안〉이었지요. 영화는 가족 단위 관객을 중심으로 큰 화제를 모았고 흥행에도 성공했습니다. 하얀 털에 검은 무늬가 군데군데 박힌 달마시안들이 사람을 도와 악당을 물리친다는 내용에 특히 어린이 관객들이 환호했습니다.

영화에서 달마시안은 꽤 커다란 덩치에 매력적인 긴 다리를 가졌고, 사람에게 충성스럽고 똑똑한 모습으로 묘사되었기 때문에 큰 인기를 끌었지요. 많은 아이들이 크리스마스 선물로 달마시안을 받고 싶다고 제 부모를 조르는 일이 많아졌습니다. 부모도 자녀와 함께 영화를 보며 달마시안의 매력에 푹 빠졌을 테니 큰 거부감을 느끼지 않았을 듯하고요.

그러나 나중에 씁쓸한 일이 벌어졌습니다. 1997년 9월 17일 《뉴욕타임스》 보도에 따르면 그해 달마시안 유기가 급격히 늘어났다고 합니다. 기대와 다르다는 실망감 때문에 기른 지 1년도 채 안 돼 달마시안을 버리는 사람들이 급증한 것이지요.

실제로 달마시안은 영화에서 묘사된 것처럼 영리하진 않습니다. 털도 잘 빠지고 성격이 거칠어 사람에게 살갑게 구는 편도 아니지요. 또 몸집이 크다 보니 키울 때 신경 써야 할 게 많은 종입니다. 생각했던 것과 키우는 현실이 다르다 보니 금세 집안의 골칫거리가 되어 버린 셈입니다.

그런데 이 현상을 1990년대 후반 미국만의 일로 치부할 수 있을까요? 농림축산식품부와 농림축산검역본부가 발표한 〈반려동물 보호·복지 실태조사〉에 따르면 2020년 한 해에 구조 및 보호된 유실·유기 동물은 13만 401마리로 집계되었습니다. 그중 25.1%는 자연사, 20.8%는 안락사로 생을 마감하지요.

오늘날 반려동물을 기르는 가구가 부쩍 늘어나면서 유기되는 동물의 수도 덩달아 급증하고 있습니다. 충분한 고민 없이 유행에 따라 동물을 집에 들였다가 결국 책임지지 못하고 버리는 경우가 많은 것으로 보입니다.

누구와 함께 살아가는 일에는 양보와 배려, 이해가 필요합니다. 피를 나눈 가족끼리도 가정이라는 공동체 안에서 서로를 위해 지켜야 할 것이 있습니다. 구성원에 대한 양보와 배려, 이해 없이는 함께 살아갈 수 없습니다. 동물이라고 다르지 않습니다. 동물이 귀여워서, 혼자라 외로워서, 남들이 부러워서 등 여러 이유로 동물과 함께 살더라도 동물에 대한 예의는 꼭 필요합니다.

〈리틀 큐〉는 동물과 사람, 좀 더 정확히 말하면 개와 사람의 공존을 위해 무엇이 필요한지 되짚어 봅니다. 시각장애인과 안내견의 이야기를 통해 동물과 사람의 근원적 관계를 돌아보지요. 왜 사람은 개와 함께 살고, 개는 왜 사람 곁에 있을까요?

억울해도 말하지 못하는 개

영화에는 임시 위탁 가정에 맡겨져 훈련을 통해 시각장애인 안내견으로 길러진 'Q(큐)'가 나옵니다. 임시 위탁 가정의 외동딸인 치큐는 Q와 의자매를 맺을 정도로 각별한 애정을 쏟지만 Q의 운명은 정해져 있습니다. 시각장애인 안내견으로 누군가에게 헌신하는 삶을 살아야 하지요. 무사히 훈련을 마치고 본격적으로 안내견의 길로 접어든 Q는 '리 포팅'의 집으로 보내집니다.

한때 리는 방송에 나올 만큼 유명한 셰프였지만 갑작스레 시력을 잃은 자신의 상황을 쉬이 받아들이지 못합니다. 원래 깐깐한 성

격인 데다 예민해진 상황까지 겹치자 Q를 향해 거센 반감을 드러냅니다. 아무리 냉정하게 대해도 리를 계속 따르며 곁을 지키는 Q를 내쫓기까지 하지요. 그는 Q의 도움으로 자신이 운영하는 레스토랑에 무사히 출근하지만 좀처럼 Q에게 마음을 열지 않습니다. 물론 Q는 아무런 죄가 없습니다. 자신이 선택한 일도 아니고, 사람의 뜻에 따라 안내견이 된 것뿐인데 리의 박대를 받아야 하는 상황은 억울할 만합니다.

그러던 중 Q가 교통사고로부터 리를 구하는 사건이 일어납니다. 이후 리의 마음은 급격히 열리기 시작합니다. 그는 Q의 헌신을 깨닫고 큰 고마움을 느끼지요. 리를 향한 Q의 충성심도 더욱 강해집니다. 둘은 공원 잔디밭과 벤치에서 즐거움을 나누는 가장 가까운 사이가 됩니다. 그전까지 리가 Q를 자신의 눈을 대신할 도구처럼 바라봤다면, 이제는 그를 진짜 가족으로 여깁니다.

동물, 애완에서 반려로

리의 변화는 우리에게 많은 생각할 거리를 던집니다. 상대를 위해 무언가를 양보하고 배려하는 모습은 사람과 동물, 사람과 사람의 공존을 떠올리게 만듭니다. 시력을 잃어 음식을 만들 수 없자 그는 자신의 레스토랑 직원들을 가혹하게 몰아붙입니다. 이전에 자신이 만들던 음식과 그들이 만든 음식 맛이 다르다는 이유에서였지요. 시각장애인이 된 자신의 현실을 인정하지 않으려 한 것처럼, 직원들의 실력을 믿지 못하고 그들의 음식도 거부한 것이지요.

그러나 Q와 가까워진 이후부터 주변 사람을 대하는 리의 태도가 달라집니다. 그는 직원들이 만든 음식에 마음을 열고, 타인을 향해 굳게 쌓은 벽을 허물며 주변 사람들과 어울립니다. 이기적인 태도로 자신의 마음을 조금도 남에게 양보하지 않으려 했던 리가 장애를 받아들이면서 생긴 변화입니다. Q의 헌신으로 마음을 열면서 리는 Q와 공존하는 법뿐만 아니라 주변 사람들과 함께 사는 법도 알게 된 셈이지요.

어찌 보면 Q의 헌신은 강요된 면도 있습니다. 자신의 의사와는 상관없이 안내견으로 자라서 리와 강제로 살게 된 거니까요. 하지만 영화 말미에 이런 대사가 나옵니다.

"많은 사람들이 안내견을 불쌍하다고 하죠. 끊임없이 일하면서 자유는 없다고. 하지만 안내견은 24시간 내내 주인 곁에 있을 수 있고, 모든 것을 주인과 나눌 수 있으니까요."

아침 일찍부터 일터에 나간 주인을 저녁때까지 집에서 홀로 기다리는 보통 개의 삶을 떠올려 보면, 안내견의 삶을 쉽게 동정할 수는 없을 것 같습니다.

국내에서 오랫동안 반려동물 대신 애완동물이라는 표현이 곧잘 쓰였습니다. 애완(愛玩)이란 동물 등을 가까이 두고 귀여워하며 즐긴다는 뜻으로, 동물을 동반의 대상보다 사람을 위한 도구로 보는 시선이 반영된 단어입니다. 이와 달리 반려(伴侶)는 짝이 되는 동무라는 뜻으로, 동물을 사람과 대등한 입장에서 바라보고 함께 살아가야 할 대상으로 여기는 태도가 담긴 단어이지요.

영화 속 리와 Q처럼 양보와 배려, 이해를 바탕으로 한 성숙한 관계 맺음이 있었다면 1997년 미국에서 수많은 달마시안이 유기되거나 매년 국내에서 수없이 많은 동물이 버려지거나 떠도는 일은 없었을지도 모릅니다.

포드 V 페라리,
2019

신뢰와
우정의
질주

감독 - 제임스 맨골드
출연 - 맷 데이먼(캐럴 셸비 역)
크리스천 베일(켄 마일스 역)
존 번탈(리 아이어코카 역)
트레이시 레츠(헨리 포드 2세 역)
레모 기론(엔초 페라리 역)

위기의 포드, 르망 24시에 도전하다

포디즘(Fordism)이란 말을 들어 본 적 있나요? 미국 자동차 회사인 포드의 창업자 헨리 포드 Henry Ford가 개발한 생산 시스템입니다. 노동자들이 컨베이어벨트 앞에 서서 자신에게 주어진 부품 조립만 하니 자동차를 빠르게 만들 수 있었고, 생산 효율성이 높아져 자동차 가격도 크게 낮출 수 있었습니다. 그렇게 포드는 대량생산된 '모델 T' 하나로 미국 자동차 시장을 빠르게 장악했습니다.

이후 세계적인 자동차 회사로 성장한 포드였지만 그 영광은 오래가지 않았습니다. 포드는 자동차가 값싸고 성능만 좋다면 시장을 계속 장악할 수 있다고 생각했습니다. 하지만 소비자들의 생각은 달랐지요. 제2차 세계대전 이후 태어난 '베이비 붐' 세대는 자동차의 성능보다 디자인을, 값보다 브랜드를 더 따졌습니다. 자연스레 포드의 자동차는 아버지 세대나 타고 다니는 유물 취급을 받기 시작합니다. 특히 1960년대 들어 포드는 매출이 급감하며 위기에 직면하는데요. 영화 〈포드 V 페라리〉는 이 시기의 실화를 바탕으로 이야기를 전개합니다.

헨리 포드의 손자인 헨리 포드 2세는 공장 연설을 통해 회사가 위기임을 알리고 이를 돌파하고자 합니다. 그러자 마케팅 담당 부사장인 리 아이어코카Lee Iacocca가 아이디어를 내놓습니다. 유명 자동차 경주 대회인 '르망 24시'●에 출전해 우승하면 회사에 대한 젊은 층의 인식에 변화를 줄 수 있다고요. 포드 2세는 솔깃했지만 당장 대회에 나갈 만한 경주용 차가 없다는 점을 지적합니다.

포드 2세의 말에 아이어코카는 이탈리아의 유명한 스포츠카 회사 페라리를 언급합니다. 그는 페라리가 르망 24시에 나가려고 지나치게 투자하는 바람에 파산 직전까지 몰려 있다며, 페라리를 인수해 대회에 출전하자고 주장하지요. '우리(포드)가 휴지에 쓰는 돈이 그쪽(페라리) 1년 예산보다 많다'는 부사장 레오 비브Leo Beebe의

●　　　1923년부터 프랑스 르망시에서 매년 열리는 자동차 경주. 레이스 트랙과 일반 도로를 합친 13.48km의 경주로를 24시간 달려, 가장 긴 거리를 달린 차가 우승하는 방식임..

빈정거림처럼, 마음만 먹으면 포드가 페라리를 사들이는 건 일도 아니었습니다.

아이어코카는 인수 협상을 위해 페라리 본사를 찾았는데, 페라리가 확실히 포드와는 다른 회사라는 것을 느낍니다. 영화 시작 부분에서 포드 2세는 공장 직원들에게 연설하기 위해 공장장에게 생산을 멈추라고 합니다. 공장장이 버튼 하나를 누르니 모든 작업이 순식간에 중단됩니다. 포드 공장은 컨베이어벨트가 움직이지 않으면 일할 수 없는 생산 체계니까요.

그런데 페라리의 공장은 그야말로 '작업실' 같습니다. 공장이라 하기에는 비좁고, 작업 분위기도 포드의 공장과 확연히 다릅니다. 페라리 임원은 회사를 소개하면서 이렇게 말합니다.

"한 사람이 엔진을 조립하고, 다른 사람이 트랜스미션을 조립합니다."

마치 장인이 공예품을 만들듯 자동차를 생산했던 것이지요. '페라리 1년 생산 대수가 우리(포드) 하루 생산 대수보다 적다'는 말이 나올 만했습니다. 페라리는 소량 생산을 하되 정교하고 성능이 좋은 자동차를 만드는 회사였습니다.

장인과 사업가, 함께하기 힘든 사이

페라리의 창업자 엔초 페라리 Enzo Ferrari 는 포드가 제시한 계약 조항을 확인하다가 한 가지를 물어봅니다. 경주 대회 출전에 대해 페라리의 자율권이 있냐는 것이었지요. 포드에게서 원하는 대답이 돌아오지 않자 엔초는 분노하면서 이탈리아와 페라리에 큰 모욕을 주었다고 말합니다.

이 장면은 영화 전체를 관통하는 주제를 드러냅니다. 포드는 자동차를 장사의 영역에서 생각했지만, 페라리는 자동차를 예술의 영역으로 생각했습니다. 또 포드는 대회 우승을 마케팅 수단으로 봤지만, 페라리는 빼어난 드라이버가 좋은 자동차로 순수한 대결을 펼친 결과로 보는 데서 두 회사는 큰 차이가 있습니다.

엔초는 포드 그리고 포드 2세를 향해 독설을 퍼붓고 판을 깹니다. 포드는 포드대로 페라리가 회사를 팔 생각도 없었는데 몸값을 높이기 위해 자신들을 이용했다며 격분합니다. 포드 2세는 "당장 최고의 엔지니어, 최고의 드라이버를 찾아와!"라고 외칩니다.

아이어코카는 1959년 르망 24시 우승자이자 스포츠카 제작자인 캐럴 셸비 Carroll Shelby를 찾아갑니다. 셸비는 포드와 손을 잡으면 자신의 회사를 일으켜 세울 수 있다고 판단합니다. 그리고 포드의 대회 우승을 위해서는 뛰어난 드라이버를 영입해야 한다고 생각하지요. 경주용 차 개발에는 드라이버의 조언이 필수고, 대회에 출전할 드라이버도 필요했기 때문입니다. 셸비는 바로 영국 출신 드라이버 켄 마일스 Ken Miles를 떠올립니다.

마일스는 포드 2세보다 페라리의 엔초 성향에 가까운 사람입니다. 그에게 자동차란 어떤 경지에 이르기 위해 공들여 만들고 정성

스레 다뤄야 할 대상입니다. 영화에서 마일스는 자동차를 정비하다가 셸비가 다가오자 렌치(나사의 머리를 죄거나 푸는 공구)를 던지는데요. 이는 순수하게 자동차를 좋아하는 드라이버에서 사업가로 변한 셸비에게 거부감을 표시하는 행동이었지요. 그런 마일스의 입장에서 셸비의 제안은 끔찍했을 겁니다.

하지만 마일스는 자신의 정비소 사정이 어려워지자 셸비의 제안을 받아들입니다. 단, 포드가 개발에 간섭하지 않는다는 조건을 내세웁니다. 마일스에게 포드의 존재는 여전히 꺼림직한 인상을 주었기 때문이지요. 포드 관계자들 역시 독불장군 같은 마일스가 마음에 들지 않습니다. 특히 마일스에게 망신을 당했던 비브는 '과하게 순수하다'고 마일스를 깎아내리는 등 어떻게든 그를 쫓아낼 궁리만 합니다.

셸비가 아무리 방패막이가 되려 해도 포드 관계자들의 불만을 누그러뜨리기는 쉽지 않습니다. 포드 관계자들은 하고많은 드라이버 중에 꼭 마일스와 일해야 하냐며 볼멘소리를 합니다. 차만 좋으면 됐지 드라이버가 대수냐, 돈을 대는 사람들 의견이 가장 중요하지 않냐는 말까지 합니다. 그러나 셸비는 마일스 없이 대회 우승은 꿈에도 생각할 수 없기 때문에 갖은 방해를 헤치고 마일스를 지킵니다. 비록 사업을 위해 포드와 손을 잡았지만 마일스의 장인 정신도 이해하기 때문입니다.

하지만 셸비는 사업가입니다. 한 행사에서 셸비는 이렇게 말합니다.

"집착할 무언가, 그 일을 못 하면 미쳐 버리게 되지요. 제가 그런 사람입니다. 저와 똑같은 사람을 또 한 명 알고 있지요."

마일스는 자기에 대한 말인 줄 알고 무대로 올라가려 합니다. 하지만 셸비는 "그의 이름은 헨리 포드(2세)입니다."라고 말합니다. 포드 2세는 포드 자동차를 사랑했다기보다 가업을 물려받은 '금수저'이지요. 셸비는 사업을 위해 적당히 아부를 한 셈인데, 마일스는 그런 셸비가 미덥지 않습니다.

신뢰와 우정이 대회 우승을 달성하다

하지만 대회가 가까워지면서 셸비에 대한 마일스의 믿음이 점점 강해집니다. 어려운 상황에서 자기 편을 들어 준다는 걸 느꼈기 때문이지요. 몇 번의 실패와 약간의 해프닝이 있었지만 포드의 경주용 차 'GT40'은 강력한 성능을 발휘합니다. 대회 시작은 순조로웠고 마일스와 더불어 포드 드라이버 두 명이 선두권을 형성합니다.

압도적 기량으로 마일스가 우승을 눈앞에 둔 상황에서, 비브는 포드 2세에게 예상 밖의 제안을 합니다. GT40 세 대가 동시에 들어오는 장면을 만들어 포드의 우수성을 사람들에게 크게 각인시키자는 것이었습니다. 포드 2세는 상혼(더 큰 이익을 쫓는 상인의 마음)을 노골적으로 드러낸 이 제안을 수용합니다. 하지만 셸비는 이를 받아들이려 하지 않습니다. 우승의 영예는 오롯이 마일스가 누려야 하는데, 공동 우승을 연출하는 건 부당한 지시였기 때문이지요. 셀비는 어쩔 수 없이 마일스에게 이 지시를 전달하되, 선택은 마일스에게 있다고 덧붙입니다.

'불도그'라는 별명이 있을 정도로 거침없고 독선적인 마일스는 어떤 선택을 했을까요? 사이드미러로 경쟁 차들이 보이지 않자 마일스는 콧노래를 흥얼거리기 시작합니다. 그리고 한동안 생각에 잠깁니다. 그러다 갑자기 속도를 늦추고 2등과 3등인 GT40 차와 나란히 달립니다.

아마도 마일스는 단독 우승이 아니더라도 자신의 목표는 이루어졌음을 깨달았던 것 같습니다. 그리고 친구인 셀비를 위해서 세대가 나란히 들어서는 장면을 연출해도 나쁘지 않다고 생각했을지도 모릅니다. 대회가 끝나고 셀비는 발끈했지만 마일스는 '애당초 약속은 경기였지 우승이 아니었다'며 느긋하기만 합니다.

그런데 모자를 벗어 마일스에게 경의를 표하는 사람이 있었습니다. 바로 엔초입니다. 프랑스 요리를 먹기 위해 경기 도중에 헬리콥터를 타고 떠난 포드 2세와 달리 엔초는 끝까지 자리를 지켰습니다. 마일스의 탁월한 능력에 무관심했던 포드 2세와 달리 엔초는 진정한 승자가 마일스라는 사실을 알고 있었습니다. 장인이 장인을 알아본 셈이지요.

세상에는 장인들이 많습니다. 빼어난 재능으로 일의 본질에 집중해 자신의 영역을 만든 사람들이지요. 하지만 대중은 장인의 상품보다는 싸고 구하기 쉬운 상품에 지갑을 엽니다. 이런 대량생산, 대량 소비 시대에서 장인이 살아남기는 어렵습니다. 어떻게든 기업과 손을 잡아야 제품을 만들고 팔 수 있는데 장인들은 그 타협점을 찾기 힘들어합니다. 그래서 셸비처럼 기업과 장인을 연결할 수 있는 사람이 필요하지요.

셸비와 마일스는 서로에게 협력자이자 친구입니다. 처음에 마일스는 셸비를 불신했고, 셸비는 마일스를 조심스러워했습니다. 하지만 함께 일하며 서로를 이해했고, 대회가 끝난 후에는 어깨동무를 하는 사이가 되었지요.

영화 마지막에 셸비는 마일스가 던졌던 렌치를 들고 그의 집을 찾아갑니다. 그리고 마일스의 아들 피터를 만나 자신이 마일스의 친구라고 말합니다. 결국 장인과 기업의 넓고 깊은 간극을 메울 수 있었던 것은 두 사람의 신뢰와 우정 아닐까요?

[3관]

고발

어두운 현실을
조명하다

글로리아를 위하여,
2019

- - - - - - - - - - -

불행의
고리를
끊으려면

감독 - 로베르 게디기앙
출연 - 아리안 아스카리드(실비 역)
장 피에르 다루생(리샤르 역)
아나이스 드무스티에(마틸다 역)
로벵송 스테브넹(니콜라스 역)
제라드 메이란(다니엘 역)

밑바닥에서 투쟁하듯 사는 사람들

코로나19(COVID-19) 확산으로 우리의 삶은 송두리째 흔들리고 있습니다. 일상은 물론이고 산업까지 급변하고 있는 상황이지요. 사람들이 다수의 타인과 함께 밀폐된 공간에 머물기를 꺼리면서 영화관 관객 수가 엄청나게 줄었습니다. 그 대신 집에 있는 시간이 늘면서 대형 텔레비전 판매량이 급격히 증가했습니다. 또 해외여행이 거의 불가능해지면서 여러 여행사가 휴업하거나 문을 닫았다는 소식도 들려옵니다. 그러나 온라인 쇼핑업과 배달업은 때아닌 엄청난 호황을 맞고 있지요.

택배와 배달 수요가 늘어나면서 뉴스에 불행한 소식이 많이 전해집니다. 택배 노동자의 노동량이 크게 늘었는데, 인력 충원이나 처우 개선이 이뤄지지 않아 과로사로 의심되는 죽음이 잇따랐습니다. 특히 심야 배송과 새벽 배송에 시달리는 택배 노동자들의 고충이 심합니다. 배달이 늘어 수입도 늘었다는 택배 노동자도 있지만 시간에 쫓겨 일하다 보니 사고의 위험성 또한 덩달아 커졌지요. 빛이 강하면 그림자도 짙어지는 세상의 이치는 코로나19 시대에도 어김없이 적용되나 봅니다.

택배 노동자는 개인 사업자로 분류되어 노동법의 사각지대에 놓여 있습니다. 사업주와 근로계약을 맺는 근로자와 달리 개인 사업자는 특수 고용직이기 때문에 주 5일제, 최대 주 52시간 근무 등 근로기준법 적용을 받지 않습니다. 법으로 권익을 보호받지 못하는 상황에서 일이 많으면 많은 대로 처리해야 하고, 회사의 무리한 요구를 거부하기도 어렵습니다. 최근 택배 노동자들의 죽음이 잇따르자, 여러 언론의 비판이 이어졌고 정부 당국도 대책 마련에 나섰습니다. 택배 회사들도 노동자의 부담을 줄이기 위해 추가 인력을 배치하고 작업 시간을 조정하는 등 여러 가지 대책을 논의하거나 실행 중이지요. 누군가의 희생이 있어야만 관행과 제도를 손보는 사회 현실이 안타깝습니다.

영화 〈글로리아를 위하여〉는 사회의 밑바닥에서 하루하루를 투쟁하듯 살아가는 사람들의 이야기를 다룹니다. 약자끼리 대립하고 가난과 불행은 대물림되는데 나라는 이들의 불우한 삶을 들여다보지 않지요. 부익부 빈익빈이 심해지는 시대, 어느 나라에서든 나올 만한 질문들을 던집니다.

약자끼리 더욱 싸우는 사회

영화는 글로리아가 조부모와 부모, 이모 부부의 축복을 받으며 태어나는 장면으로 시작됩니다. 글로리아의 아버지 니콜라스는 딸의 탄생을 보며 희망으로 가득 찹니다. 새로 일도 시작했기 때문에 처제(오로라)의 남편인 브루노가 마약을 건네도 거부합니다. 맑은 정신으로 돈을 제대로 벌고 싶다는 생각에서요. 글로리아의 어머니 마틸다와 조부모 또한 브루노가 가져온 샴페인으로 건배하며 글로리아가 가져올 행운을 기대합니다.

이렇게 보면 단란하고 화목한 가족처럼 보이지만 사실 이 집안에는 감추고 싶은 과거가 있습니다. 글로리아의 할머니 실비의 전남편이자 마틸다의 친아버지인 다니엘은 교도소에 있습니다. 목숨이 위험할 정도로 얻어맞던 친구를 구하려다 살인을 저질렀기 때문입니다. 이후 실비는 새 남편 리샤르를 만나 딸 오로라를 얻습니다. 그러니까 글로리아에게는 할아버지가 둘이고, 마틸다와 오로라는 친아버지가 각자 다릅니다. 실비는 다니엘과 소식을 끊었지만 리샤르는 손녀가 태어난 사실을 다니엘에게도 알려야 한다고 말합니다. 얼마 후 다니엘은 20년형을 마치고, 손녀 글로리아를 보기 위

해 고향 마르세유로 향합니다.

글로리아네 가족은 일에 찌들고 돈에 쪼들려 살아갑니다. 실비는 밤에 청소 일을 하고, 리샤르는 새벽같이 일어나 버스 운전대를 잡습니다. 마틸다는 옷 가게에서 임시직으로 일하고, 니콜라스는 고급 승용차를 할부로 구입해 우버● 기사 일을 합니다. 이제 막 태어난 글로리아를 다른 사람에게 맡기고 출근해야 할 정도로 삶에 여유가 없습니다. 다들 시간에 쫓기며 일해도 가난은 운명처럼 그들을 따라다니지요.

오로라와 브루노 부부는 상대적으로 여유가 있지만 직업이 떳떳하진 않습니다. 그들은 돈이 급한 사람이 들고 온 물건을 헐값에 사서 비싸게 되파는 일을 합니다. 사회적·경제적 약자들의 약점을 파고들어 자신들의 주머니를 불리고 있습니다. 게다가 성실하고 도덕적인 다른 가족 구성원과 달리 탐욕스럽고 부도덕하기까지 합니다. 마약을 상습적으로 투약하고 직원을 착취합니다. 한마디로 약자가 약자 위에 군림하는 셈이지요.

약자끼리의 싸움은 다른 곳에서도 발견됩니다. 실비의 직장에서는 노조원들이 식대를 올리기 위해 파업을 준비 중이지만 실비는 파업에 냉소적입니다. 파업한다고 세상이 바뀌지 않는다고 생각한 것이지요. 정작 실비에게 중요한 것은 자신의 퇴직이 얼마 남지 않

● 공유된 차량이나 개인의 차량을 승객과 중계해 수송을 제공하고 수수료를 받는 서비스.

은 상황에서 앞으로 얼마나 일을 더 할 수 있는지입니다. 당장 돈 한 푼이 아쉬운 처지니까요. 우버 기사로 일하던 니콜라스는 택시 기사로 추정되는 이들에게 붙들려 폭행을 당하고 한동안 운전대를 잡을 수 없게 됩니다. 우버가 그들의 생업을 위협한다는 이유였지요.

사회제도가 제대로 작동하지 않으니 약자들은 제 몫을 챙기기 위해 서로 싸울 수밖에 없습니다. 영화는 글로리아네 가족에 뿌리박힌 가난, 약자끼리의 다툼은 개인보다 사회 구조적인 문제임을 넌지시 내비칩니다.

약자에게 유난히 비정한 사회

영화 속 사회는 비정합니다. 불우한 사람들에게 계속 원칙만을 강조하지요. 한시라도 빨리 운전대를 잡아 돈을 벌어야 하는 니콜라스의 마음은 급하기만 합니다. 일을 하려면 다친 팔로도 운전이 가능하다는 의사의 소견이 필요하지만 의사는 원론적 입장만 되풀이할 뿐입니다. 니콜라스가 통사정을 해도요. 의사로서 본분을 다한 것뿐이라고 주장할 수 있으나 환자의 딱한 사정에 귀 기울일 의지는 처음부터 없어 보입니다.

리샤르에게도 사회의 원칙은 가혹하게 적용됩니다. 그는 딸이 곤경에 처하자 이를 해결하기 위해 급한 마음에 운전 중 통화를 하다가 교통경찰에게 적발됩니다. 자칫하면 직장을 잃고 노숙자 신세로 전락할 수 있다고 통사정을 하지만 교통경찰은 막무가내입니다. 결국 그는 회사에서 정직 처분을 받습니다. 교통경찰 역시 자신의 일을 했을 뿐이지만 리샤르 입장에서는 야속하기만 할 따름입니다. 영화는 니콜라스와 리샤르의 에피소드를 통해, 약자의 처지를 제대로 고려하지 않은 채 매정한 태도로 원칙만 고수하는 사회 체제를 에둘러 비판합니다.

개개인은 사회의 보호를 받지 못하니 각자의 노력만으로 불행의 고리를 끊기 위해 고군분투합니다. 특히 영화 속 어른들은 자신의 자식, 손주가 '형벌 같은' 가난을 이어받지 않을 수만 있다면 그어떤 희생도 감수하려 합니다. 여기서 자세히 설명할 순 없지만 실비는 니콜라스가 의사에게 크나큰 실수를 저지른 사실을 알고서의사를 찾아가 자신의 과거 치부를 드러냅니다. 다니엘이 교도소에 갇히면서 자신에게 닥쳤던 지독한 생활고가 딸 마틸다에게 반복되지 않길 바라는 마음이지요. 또 다니엘이 충격적인 선택을 내리는 것으로 영화는 끝이 나는데, 이 역시 결국 손녀 '글로리아를 위하여' 한 일이었습니다.

개개인의 희생만이 불행의 연결 고리를 끊고 미래 세대의 행복과 안녕을 기원하기 위한 해답일까요? 나라가 먼저 사회의 어둡고 낮은 곳을 살피고 문제점을 개선할 순 없는 걸까요? 영화의 마지막 장면에서 날카로운 눈빛으로 화면을 응시하는 다니엘의 모습은 어쩌면 우리에게 이러한 질문을 던지고 있는 게 아닐까요?

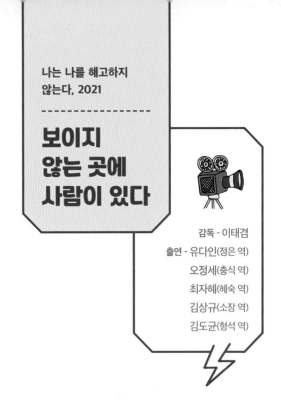

나는 나를 해고하지
않는다, 2021

보이지
않는 곳에
사람이 있다

감독 - 이태겸
출연 - 유다인(정은 역)
오정세(충식 역)
최자혜(혜숙 역)
김상규(소장 역)
김도균(형석 역)

보이지 않는 곳에서 목숨을 건 사람들

전기는 우리에게 공기와 같습니다. 짧은 시간이라도 정전이 되면 생활이 멈출 정도로 꼭 필요한 게 전기이지요. 숨 쉬듯 전기를 쓰고 있지만 우리는 평소에 그 소중함을 잘 느끼지 못합니다. 우리나라에서 어느 한 지역 전체가 단전되는 경우는 극히 드물다는 게여러 이유 중 하나일 듯합니다. 어쩌다 아파트 단지 한 곳만 정전되어도 언론에 보도될 정도니까요.

전기가 중요하다는 게 우리 생활의 편의 때문만은 아닙니다. 전기가 부족해지면 나라 경제도 위태롭습니다. 수많은 기업, 공장이 제대로 돌아가지 않는 등 막대한 경제적 피해가 발생합니다. 그래서 전력 수요가 급증하는 여름이나 겨울에 정부가 나서서 전기 사용량을 수시로 점검하며 전기 부족 사태를 대비하지요.

우리는 방의 콘센트와 스위치를 통해 전기를 간단히 이용할 수 있습니다. 하지만 전기가 집 안으로 들어오기까지 우리 눈에 잘 보이지는 않지만 수많은 사람의 노력이 필요합니다. 그것은 상상조차 어려울 만큼 고되고, 때로는 목숨까지 걸어야 하는 일이기도 하지요.

〈나는 나를 해고하지 않는다〉는 그 힘들고 어려운 일을 하는 사람들을 스크린의 중심에 둡니다. 그들은 힘든 노동을 하면서도 경제적으로 쪼들리고, 언제든 쫓겨날 수 있는 처지에 놓여 있습니다. 보이지 않는 곳에서 사회적으로 꼭 필요한 일을 하는데 왜 합당한 대우를 받지 못할까요? 영화는 이처럼 가슴 찌르는 질문을 던지며 우리 사회의 노동 현실을 되짚어 봅니다.

초라하고 처절하게 마주한 현실

정은은 7년간 일했던 회사에서 하청업체로 파견 명령을 받습니다. 하청업체가 하는 일은 지방 해안가에서 송전탑을 점검하고 수리하는 것이지요. 일반 사무직 직원이었던 정은이 당장 이곳에서 할 일은 없습니다. 하청업체 사람들은 그런 정은이 부담스럽기만 합니다.

회사 상사는 정은에게 1년만 하청업체에 있으면 다시 부르겠다고 말하지만 이는 빈말에 불과합니다. 그는 정은이 익숙지 않은 일을 하다 제풀에 지쳐 직장을 그만두기를 내심 바라지요. 하청업체 소장 역시 그 속내를 모르지 않습니다. 하지만 정은은 하청업체에서도 밀려나면 실업자 신세가 될 게 뻔하니 악착같이 버티려 합니다. 하청업체 직원들은 일손도 되지 못하는 정은의 임금까지 떠안은 상황에 불만이 가득하지요. 정은을 바라보는 눈들은 더욱 적대적으로 변해만 갑니다.

정은은 일을 배우고 익히면 언제든지 현장에 나갈 수 있다고 자신합니다. 과연 그게 의지만으로 가능한 일일까요? 하청업체 직원들과 송전탑 유지 보수 작업을 하러 나선 정은이지만 산간 지대와 섬에 있는 송전탑을 찾아가는 것부터 벌써 벅찹니다. 높디높은 송전탑에 오르는 일은 현기증이 날 지경이고, 고소공포증 때문에 발을 떼는 것조차 어렵습니다. 직원들은 이런 정은을 보며 비아냥거리지요.

영화 속 정은에게서 우리는 그동안 미처 알지 못했던 노동 현실을 간접적으로 마주할 수 있습니다. 정은도 같은 노동자였지만 주로 책상 앞에 앉아 글자와 숫자로 이뤄진 사무직 업무를 했을 겁니다. 하지만 바로 그 글자와 숫자를 가지고서 실제 현장에 대입했을 때 맞닥뜨리는 상황은 좀처럼 예상할 수 없었지요. 막연히 누구나 할 수 있는 단순한 노동일 거라 만만히 봤겠지만 현실은 전혀 달랐

습니다.

하청업체 직원들은 까마득한 높이의 송전탑에 매달려 위험천만한 작업을 해야 합니다. 자칫하면 추락할 수도 있고, 감전 사고가 일어날 위험도 큽니다. 하청업체의 막내 직원인 충식은 정은에게 말합니다.

"우리 같은 사람들은 두 번 죽는 거 알아요? 한 번은 전기구이, 한 번은 낙하. 근데 그런 거 하나도 안 무서워요. 우리가 무서운 건 해고예요."

하청업체 직원들은 위태롭게 목숨을 걸고 일하는데 처우는 열악하기만 합니다. 언제든 해고될 수 있고 임금도 턱없이 적지요.

세 딸을 둔 충식은 생계를 위해 밤에는 편의점 아르바이트, 심야에는 대리운전 기사로 일합니다. 그래도 그의 살림살이는 넉넉해 보이지 않습니다. 정은 역시 전 회사에서 만만치 않은 일들을 겪었습니다. 승진만 바라보며 죽어라 일했는데 여성이라는 이유로 박대받기 일쑤였지요. 하지만 하청업체 직원들의 어려운 처지를 보며 정은은 많은 생각을 하게 됩니다.

직업에 귀천은 없다지만 서열은 있다

영화는 우리나라 노동 현장의 부조리한 현실을 여러 각도에서 비춥니다. 우선 원청업체와 하청업체 사이의 종속 관계를 들추지요. 제아무리 부당하고 어려운 일이라도 원청이 요구하면 하청은 이렇다 할 불만도 꺼내지 못한 채 받아들여야 합니다. 계약이 끝나면 하청업체를 바꿀 수 있다는 맹점을 원청업체에서 악용하기 때문이지요.

직장 내 남녀 불평등 문제도 다룹니다. 영화는 정은이 어쩌다 하청업체로 파견 명령을 받았는지 구체적으로 설명하지 않지만 정은을 만나기 위해 내려온 동료 직원 혜숙에게서 그 이유를 짐작할 수 있습니다. 여성 직원들 사이에서 존경받던 선배가 여성이라는 이유로 부당한 대우를 받은 일이 있었고, 정은이 불만을 내비치자 불이익으로 돌아온 것이지요. 정은에게 적대감 어린 발언을 일삼는 본사의 인사 팀장은 여성 직원을 하대하는 단어를 무신경하게 쓰는가 하면, 부모 없이 자란 정은의 가정환경, 일류대 출신이 아닌 학벌을 들먹이기까지 합니다.

영화는 정규직과 비정규직 차별 문제도 언급합니다. 송전탑을 유지·보수하는 하청업체 직원들은 고된 일을 하면서도 지위는 불안정합니다. 원청에서 하청업체의 업무 능력을 평가하기 위해 평가관을 파견하는 장면은 원청과 하청업체, 정규직과 비정규직의 격차를 극명하게 드러내지요.

평가관은 "비효율적인 사람이 있으면 비효율적인 조직이 된다."라는 논리를 인용해 하청업체 직원들을 압박합니다. 하청업체 소장은 그저 굽실거릴 수밖에 없습니다. 직원들은 해고가 무서워 불만조차 내비치지 못합니다.

흔히들 직업에는 귀천이 없다고 말합니다. 옳은 말이지요. 하지만 이 영화는 직업에 귀천은 없을지언정 서열은 있는 현실의 부조리를 보여 줍니다.

영화의 마지막 부분에서 갑자기 대규모 정전이 발생하자 직원들은 현장으로 뛰쳐나갑니다. 그러나 정은은 동료들과 달리 홀로 다른 곳으로 향합니다. 소장은 그런 정은에게 일단 주민들이 많고 피해 규모가 큰 지역부터 작업해야 해야 한다고 외칩니다. 하지만 정은은 홀로 한 섬에 있는 송전탑에 올라가 수리 작업을 합니다. 소수라고 해도 전기를 쓰지 못해 불편함을 느끼는 건 누구나 똑같다는 이유였지요.

영화 〈나는 나를 해고하지 않는다〉는 사람들의 편의를 위해 보이지 않는 곳에서 묵묵히 일하는 사람들의 가치를 보여 줍니다. 동시에 이런 메시지도 전합니다. 힘이 센 사람이든 약한 사람이든, 큰 무리에 속하든 작은 무리에 속하든 모두가 공평하게 대우받아야 한다고요.

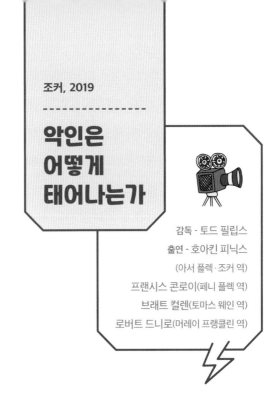

조커, 2019

악인은 어떻게 태어나는가

감독 - 토드 필립스
출연 - 호아킨 피닉스
(아서 플렉·조커 역)
프랜시스 콘로이(페니 플렉 역)
브래트 컬렌(토마스 웨인 역)
로버트 드니로(머레이 프랭클린 역)

비뚤어진 사회가 낳은 영웅

1980~1990년대 콜롬비아에는 큰 골칫거리가 하나 있었습니다. 일명 마약왕이라 불리던 파블로 에스코바르Pablo Escobar입니다. 에스코바르는 당시 거대 범죄 조직인 '메데인 카르텔'의 보스로, 마약 제조 및 밀매로 막대한 부를 쌓은 인물이지요. 마약을 만들고 파는 과정에서 숱한 사람의 목숨을 빼앗았고, 대통령 후보들을 암살하려 항공기를 폭파하는 사건까지 벌입니다. 자신의 목적을 위해서라면 무슨 일이든 거침없이 벌이던 악당 중의 악당이었지요.

미국 정부까지 그를 잡는 데 혈안이 될 정도로 악명 높은 인물이었지만 정작 에스코바르는 자신이 태어나고 활동하던 도시인 메데인에서는 영웅이었습니다. 빈민들이 많이 살던 메데인에서 불우한 어린 시절을 보낸 그는 마약으로 큰돈을 벌자 메데인에 병원을 짓고 학교를 설립하는 등 사회사업을 펼쳤기 때문입니다. 콜롬비아인들은 그의 행보에 환호를 보냈습니다.

에스코바르는 메데인의 유력 인사로 떠올랐고, 마약 사업을 계속하면서 국회의원으로 정계까지 진출했습니다. 나아가 그는 대통령직까지 욕심을 냈지만 그간의 범죄 및 비리 행위가 알려지면서 의원직에서 쫓겨났지요. 비록 정치의 꿈은 접었지만 에스코바르는 개인 군대를 거느릴 정도로 엄청난 권세를 누리는 인물이라, 콜롬비아 정부도 그를 좌지우지할 수 없을 정도였습니다. 국내외에서 에스코바르를 단죄해야 한다는 여론이 들끓어도 정부는 그와 협상해 '호텔 같은' 감옥을 만들어 그를 가두는 것밖에 할 수 없었지요.

결국, 미국 마약단속국이 에스코바르를 체포하러 나섰고 에스코바르는 도주하다 총에 맞아 숨집니다. 에스코바르가 숨졌어도 콜롬비아의 마약 조직은 사라지지 않았습니다. 메데인 카르텔의 라이벌인 칼리 카르텔이 마약 사업을 장악해 새로운 지하 권력으로 떠올랐기 때문입니다.

마약 사업은 도덕적으로 절대 옳은 일이 아니지만 콜롬비아의 빈민들에게는 마약 조직이 그리 나쁘게 보이지 않았을 겁니다. 지배층은 자신들의 기득권을 유지하고 재산을 불리는 데 급급했던 반면, 마약 조직은 빈민들에게 선심을 베풀고 일자리까지 만들어 주었으니까요. 비뚤어진 사회에서 비뚤어진 영웅이 등장한 셈입니다. 만약 에스코바르가 사회보장제도가 건실하고 빈부 격차가 적은 사회에서 태어났다면 진정한 영웅 대접을 받을 수 있었을까요?

〈조커〉는 '조커'라는 악인의 탄생기를 담은 영화로, 피로 얼룩진 에스코바르의 삶과 그의 악행에 눈감았던 콜롬비아 대중의 모습을 떠올리게 합니다. 돈이 최고의 가치로 대우받고 선과 악이 불분명한 사회가 어떤 지옥도를 그릴지 보여 줍니다.

cents와 sense 사이

영화 속 주인공인 아서 플렉의 삶은 비참합니다. 그는 광대 일로 간신히 생계를 유지하며, 낡은 아파트에서 병든 어머니를 모시고 살아갑니다. 영화 초반부에는 광대 복장을 한 그가 점포 정리 중인 가게를 광고하는 장면이 나옵니다. 아서는 짓궂은 불량소년들에게 광고 팻말을 빼앗기고 뒷골목에서 집단 구타를 당해 바닥에 나뒹굴지요. 그의 밑바닥 인생을 상징적으로 보여 주는 장면입니다.

코미디언을 꿈꾸는 아서는 꿈을 위해 악착같이 버티며 살아가지만 이렇다 할 재능이 있어 보이진 않습니다. 게다가 그는 정신 질환에 시달려 약을 먹지 않으면 우울증을 극복하기 어렵지요. 아서에게 삶은 지옥과도 같습니다. 정신 상담을 받으러 간 그가 상담사에게 보여 준 노트 속 농담(조크)은 매우 의미심장합니다.

"나는 나의 죽음이 나의 삶보다 몇 푼의 돈을 더 벌 수 있기를 바란다(I just hope my death makes more cents than my life.)."

그런데 상담사는 'cents(푼돈)'를 'sense(의미)'로 읽습니다. 상담사는 그 문장을 '나는 나의 죽음이 나의 삶보다 더 의미 있기를 바란다'는 식으로 받아들이길 원했던 것이지요.

아서는 가난을 택한 적이 없었음에도 빈곤의 악순환에서 벗어날 수 없습니다. 아서의 어머니 이름이 '페니(Penny, 동전) 플렉'인 것도 의미심장합니다. 아서가 어머니에게 "엄마 이름은 옛날부터 싫었다."라고 말하는 장면이 나오지요.

아서의 반대편에 있는 인물은 토마스입니다. 아서가 사는 고담시에서 가장 부유한 토마스는 재력을 바탕으로 시장 자리까지 노립니다. 그는 언론을 통해 고담시를 악으로부터 구할 사람은 자신밖에 없다고 말합니다. 돈이 많다는 사실 하나만으로도 많은 시민들은 그를 고담시를 위기에서 구할 영웅처럼 생각하지요.

하지만 토마스는 영웅과 거리가 먼 사람입니다. 30년 전 그의 가정부로 일했던 아서의 어머니는 지푸라기라도 잡는 심정으로 그에게 매일같이 편지를 보내며 생계에 도움을 얻으려 하지만 토마스는 무응답으로 일관합니다.

토마스를 자신의 숨겨진 아버지라고 여긴 아서가 그에게 접근하는 장면에서도 토마스의 실체를 가늠할 수 있습니다. 토마스는 자신을 찾아온 아서를 냉랭하기 짝이 없게 대합니다. 그냥 한 번만 안아 주면 안 되냐는 아서의 말에 토마스는 아서 얼굴에 주먹을 날리는 것으로 대답을 대신하지요.

실제로 아서가 자신의 진짜 아들이 아니고, 위험한 인물이라 판단했더라도 토마스의 행동은 지나쳐 보입니다. 한눈에 봐도 불행한 삶을 사는 옛 지인의 아들이라는 점을 감안해 그저 따스하게 안아 주기만 했더라도 이후 아서의 인생 행로는 달라지지 않았을까요? 토마스의 이 같은 행태는 가난한 자에게 무심한 부자의 모습을 상징합니다.

악인은 약자의 고통을 먹고 자란다

누구로부터도 구원받을 수 없는 세계에서 약자는 또 다른 약자를 착취합니다. 아서는 동료의 농간으로 회사를 그만두고, 유명 코미디언 머레이는 아서를 자신의 코미디 쇼 시청률을 위한 하나의 수단으로만 취급합니다. 엎친 데 덮친 격으로 시(市) 예산이 삭감되는 바람에 아서는 무료 정신 상담을 받지 못하고, 우울증 관련 약도 처방받을 수 없게 됩니다.

광대 분장도 지우지 못한 아서는 지하철 안에서 자신에게 시비를 건 패거리에게 얻어맞다 그들을 총으로 쏘고 마는데, 이 사건 이후 그는 자신에게 '의미 있는' 삶이 무엇인지 다시 생각합니다. 광대 복장을 한 남성이 기득권층인 금융 회사 직원들을 죽였다는 사실이 보도되자 대중은 그를 영웅시합니다. 아서는 자신이 코미디언

117

으로 세상을 웃기려 할 땐 정작 별다른 반응을 보이지 않았던 사람들이, 광대 복장을 한 채 사람들을 죽이자 열광하는 모습을 보고 의아해하지요. 끝이 보이지 않는 계단을 힘겹게 오르며 저 위 어딘가에 있는 삶의 가치를 좇기보다, 삶의 의미를 좀 더 쉽게 찾을 다른 방법을 그는 조금씩 인식합니다. 가볍게 계단을 내려가듯 악행을 저지르다 보면 사람들이 그의 존재 가치를 더 잘 알아본다는 것을 깨달은 것이지요. 아서는 점차 무차별적인 악인이 되어 가고, 시민들도 그를 따라 광대 가면을 쓴 채 거리에서 무분별한 폭력을 행사하기 시작합니다.

영화 제목 '조커(Joker)'에는 중의적 의미가 있습니다. '웃기는 사람'이란 뜻도 있지만 카드 게임에서의 '조커•'를 의미하기도 하거든요. 변두리 인생을 살며 세상을 웃길 사람을 꿈꾸다가 예기치 못하게 악당이 되어 세상을 뒤흔든 아서가 조커라는 별칭을 택한 이유를 짐작할 만합니다.

영화는 진정한 가치가 전복되고 약자만이 고통받는 사회라면 조커 같은 인물은 얼마든지 언제든지 실제로 나타나 영웅이 될 수도 있다고 말합니다. 그리고 영화는 질문합니다. 조커를 추앙하는 사회의 등장을 우리가 어떻게 막을 수 있을지 말입니다.

●　　다이아몬드·하트 등에 속하지 않지만 가장 센 패가 되거나 다른 패 대신으로 쓸 수 있는 패.

어스, 2019

- - - - - - - - - - - - -

또 다른
내가
나타나다

감독 - 조던 필
출연 - 루피타 뇽오
(애들레이드·레드 역)
윈스턴 듀크(게이브·에이브러햄 역)
샤하디 라이트 조셉(조라·엄브레 역)
에반 알렉스(제이슨·플루토 역)

보이지 않는 내가 있다면

2018년 국내에서 일어난 '버닝썬 게이트'를 아나요? 언론에서는 '클럽 버닝썬'을 둘러싼 여러 의혹과 사건을 버닝썬 게이트로 불렀습니다. 보통 '게이트'라는 수식어는 정부 또는 정치 권력과 관련되어 일어나는 대형 비리 사건이나 스캔들에 붙습니다. 클럽 버닝썬 사건도 각종 성범죄와 마약, 경찰 유착, 탈세 등 여러 가지 의혹이 겹치며 게이트로 번졌지요.

이 사건의 발단은 이렇습니다. 클럽 버닝썬에서 손님과 지원 간 폭행 사건이 일어났고, 부당함을 호소하던 피해자가 버닝썬과 관련된 여러 의혹을 제기했습니다. 클럽 내에서 마약이 버젓이 유통되고, 성폭행 사건도 아무렇지 않게 벌어졌다는 주장이었습니다. 이후 가수 승리(이승현)가 버닝썬 사업과 관련해 해외 투자자를 유치하기 위해 성 접대를 알선했다는 의혹이 나왔습니다. 그러던 중 승리가 속한 메신저 대화방에 가수 정준영이 불법 촬영한 성관계 동영상을 유포했다는 사실도 드러났습니다.

해당 대화방에 있던 유명 연예인들이 불법 동영상을 보거나 다른 이에게 유포했다는 의혹이 이어지면서 사회적 파장은 더욱 커졌습니다. 아무리 비공개 대화방이라 해도 유명 연예인들이 명백한 범죄 행위를 죄책감 없이 저질렀다는 사실에 대중은 크게 분노했습니다.

그런데 이들의 잘못된 행위가 단지 그들만의 것이라 말할 수 있을까요? 자신이 겉으로 드러나지 않는 익명 아래에서, 친구 몇몇이 장난삼아 한 행위일 뿐이라는 안일한 생각 속에 죄의식은 희미해지기 마련입니다. 익명성이 보장된 온라인 공간이나 소수 지인끼리 모인 오프라인 모임에서 누구나 이 같은 잘못된 행위를 똑같이 저지를 수 있습니다.

가수 정준영은 보이지 않는 곳에서 수많은 피해자를 만들 수 있는 위험천만한 일을 벌였습니다. 가수로서의 정준영과 일탈 행위를 한 개인으로서의 정준영은 같은 인물입니다. 단지 사람들에게 알려지지 않았던 면모가 세상에 드러났을 뿐이지요.

이처럼 온라인 속 익명의 그늘에서 보이지 않는 수많은 '나'가 어느 순간 오프라인으로 뛰쳐나와 삶을 송두리째 흔들 수 있습니다. 이는 제가 영화 〈어스〉를 보면서 버닝썬 게이트와 가수 정준영을 떠올린 이유이기도 하지요.

도플갱어 가족은 무엇을 상징하는가

영화는 주인공 애들레이드의 어린 시절부터 출발합니다. 애들레이드는 생일날 부모와 함께 샌타크루즈 해변의 놀이공원에 갔다가 끔찍한 경험을 합니다. 우연히 들어간 거울 미로에서 자신과 똑 닮은 아이를 본 것이지요. 어떻게 빠져나왔는지 모르지만 그 사건 이후 애들레이드는 충격으로 실어증을 앓습니다. 애들레이드의 부모는 딸의 실어증을 치료하기 위해 발레를 가르치고요.

그리고 성인이 된 애들레이드가 가족들과 여름휴가를 보내기 위해 다시 샌타크루즈를 찾는 장면으로 영화의 시점이 이동합니다. 애들레이드는 좋지 않은 기억 때문에 해변에 가는 것을 꺼립니다. 하지만 아들 제이슨과 남편 게이브의 성화에 못 이겨 가족들과 다 함께 해변에서 일광욕을 즐깁니다. 그날 밤, 그들과 똑 닮은 네 사람이 애들레이드 가족이 머무는 별장을 공격합니다.

이 영화는 여러 가지 방식으로 해석될 수 있습니다. 그중에서도 미국 사회의 인종 간, 계층 간 단절 측면에서 영화를 보는 것이 가장 보편적 접근일 것입니다. 영화 〈어스〉는 지상 사람들과 똑같이

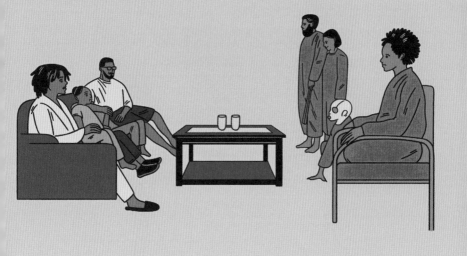

생긴 사람들이 지하 세계에 산다는 설정을 갖고 있습니다. 미국인 이라고 해도 흑인, 이민자, 가난한 사람이라면 미국인으로서 온당 한 대우를 받지 못하는 현실을 비춥니다. 이러한 풍경은 2016년 도 널드 트럼프 Donald Trump가 미국 대통령으로 당선된 이후 급격히 보 수화된 미국 사회를 반영하지요.

트럼프는 불법 이민자를 막기 위해 미국-멕시코 국경에 장벽을 설치해야 한다고 주장했습니다. 영화에서 도플갱어●들이 점령한 미국을 벗어나 애들레이드의 가족이 "멕시코로 가자."라고 말하는 장면은 트럼프의 반(反)이민 정책을 비꼬는 듯합니다.

애들레이드가 도플갱어 가족에게 정체를 묻자 애들레이드의 도 플갱어가 '우리는 미국인'이라고 말하는 대목도 상징적이지요. 미 국 내에서 계층 간 격차와 인종차별로 투명인간 취급을 받는 사람 들도 결국에 미국인이라는 외침으로 읽힐 수 있기 때문입니다.

한편 도플갱어들이 무기라 하기에는 변변치 않은 가위를 들고 지상 세계를 공격하는 모습은 마치 혁명처럼 보입니다. 또 수많은 도플갱어가 지상에서 손에 손을 잡고 띠를 만드는 모습은 약자들 의 연대라고 볼 수도 있지요. 누군가는 이를 트럼프가 주창해 온 장 벽 설치에 대한 패러디라고 해석하기도 합니다. 실제로 영화감독도 트럼프 시대를 맞아 이 영화를 기획했다고 밝힌 바 있습니다.

●   독일어로 '이중으로 돌아다니는 자'란 뜻으로, 사람이나 동물 따위 의 분신을 비유적으로 이르는 용어.

또 다른 내가 나를 집어삼키다

이 영화는 '인터넷 시대의 우화'로도 볼 수 있습니다. 영화 속에서 표현된 지하 세계는 인터넷 세상이고, 그곳에 사는 사람들은 온라인 속 우리의 모습이라 해석할 수 있지요. 즉 '안'에 있던 사람들이 '밖'으로 나오면서 이야기가 전개되는 것입니다.

인터넷이 발달함에 따라 각종 커뮤니티가 생기고, 소셜 미디어가 활성화되면서 사람들은 그 안에 각자의 분신(아바타)을 하나씩 만듭니다. 그런데 이러한 분신은 결국 우리와 별개의 존재로 볼 수 없습니다. 온라인상의 분신이 현실 속 나와 구별된다 해도 사람들은 온라인 속 모습까지 모두 고려해 나를 판별하기 때문이지요. 어떤 사람이 오프라인상에서는 쉽게 할 수 없는 막말을 온라인상에서 대수롭지 않게 던졌을 때, 사람들은 오프라인상에서의 행실만을 따져 그 사람을 평가하지 않습니다. 온라인상에서의 막말이 만들어 낸 파장에 대한 책임도 분명히 묻지요.

영화를 보면 애들레이드 가족이 해변을 걷는 모습을 하늘 위에서 내려다보는 듯한 장면이 나옵니다. 사람보다 더 큰 그림자가 백사장 위로 펼쳐진 모습이 매우 인상적이지요. 이는 우리가 잘 알아채지 못하지만 그림자 같은 존재가 우리의 실체보다 더 클 수 있음을 상징하는 것으로 보입니다. 온라인 속 우리와 현실 속 우리가 순식간에 뒤바뀔 수 있다는 의미로도 읽히지요.

영화는 이러한 해석을 유도하는 장치들을 곳곳에 숨겨 두었습니다. 어린 애들레이드가 유리 미로에서 도플갱어를 처음 만난 해는 1986년인데요. 이 날짜에 숨겨진 의미가 있습니다. 우리의 일상이 된 인터넷은 1969년 미국 국방성 지원으로 개발된 PC 간 네트워크 '아파넷(ARPAnet)'을 기원으로 합니다. 이후 1986년 미국 국립과학재단(NSF)이 'NSFNET'이라는 새로운 통신망을 구축했고, 이것이 점차 아파넷을 대체함에 따라 인터넷이 본격적으로 자리를 잡습니다. 즉, 1986년은 진정한 인터넷의 원년이라 할 수 있는 셈입니다. 애들레이드가 겪은 기이하고도 특별한 일들이 인터넷의 시작 시기와 같다고 추정해 볼 수 있지요.

영화의 여러 상징에서 여러분은 어떤 의미를 찾았나요? 미국 사회에 대한 비판이든, 인터넷 시대에 대한 우화든 이 영화가 우리에게 주는 메시지는 분명합니다. 보이지 않는 또 다른 '나'와 '우리'를 항상 돌아보라는 것, 그렇지 않으면 언제 우리 사회가 어떻게 붕괴될지 모른다는 것입니다.

유다 그리고
블랙 메시아, 2021
- - - - - - - - - - - - -

피부색을
둘러싼
비극

감독 - 샤카 킹
출연 - 대니얼 컬루야
(프레드 햄프턴 역)
러키스 스탠필드(윌리엄 오닐 역)
제시 플레먼스(로이 미첼 역)
마틴 쉰(존 에드거 후버 역)

1960년대 미국에선 무슨 일이?

1960년대 미국은 혼란의 시대였습니다. 정치적으로도 변혁기였고, 베트남전쟁● 개입을 둘러싼 사회적 논란이 거세게 일어났습니다. 흑인 민권 운동이 힘을 얻었고 이에 대한 백인들의 반격 역시 만만치 않았지요. 미국의 곳곳에서 물리적 충돌까지 벌어졌습니다.

● 1955~1975년에 남과 북으로 분단된 베트남에서 벌어진 전쟁. 미군 철수 후 북베트남은 1975년에 남베트남의 수도 사이공을 함락시켜 무력 통일함. 1976년 7월 2일에 남북 베트남이 통합된 베트남사회주의공화국이 수립됨.

첨예한 갈등의 시기였던 만큼 그 당시 많은 지도자가 암살로 인해 생을 마감했습니다. 1963년에 미국 제35대 대통령인 존 F. 케네디John F. Kennedy가 총탄에 맞아 숨을 거두었습니다. 1968년에 케네디의 동생이자 유력한 대선 주자였던 로버트 F. 케네디Robert F. Kennedy도 총탄으로 목숨을 잃었습니다. 같은 해 흑인 인권 운동가 마틴 루서 킹Martin Luther King 목사는 극우파 백인의 총에 숨졌습니다. 앞선 1965년에는 급진주의 흑인 인권 운동가인 맬컴 엑스Malcolm X도 암살되었지요.

마틴 루서 킹, 맬컴 엑스와 더불어 미국 흑인 인권을 대표하는 또 다른 인물이 있습니다. 바로 프레드 햄프턴Fredrick A. Hampton입니다. 그는 1969년에 스물한 살의 젊은 나이로 죽임을 당했습니다. 햄프턴의 급작스러운 죽음에 대한 진실은 훗날 관련자의 증언을 통해 밝혀졌습니다. 그 배후에 미국 정부가 있었고, 그들이 비열한 방법으로 햄프턴의 목숨을 앗아 갔다는 사실이지요.

이런 일들이 일어났던 1960년대 미국 사회는 과연 어떤 모습이었을까요? 그리고 오늘날 미국은 그때와 비교해 얼마나 달라졌을까요? 실화를 바탕으로 한 영화 〈유다 그리고 블랙 메시아〉는 한 사람의 죽음에 드리워진 미국 정부의 음모를 파헤치며 우리에게 나라가 무엇인지 질문을 던집니다.

정부가 기를 쓰고 없애려던 인물

프레드 햄프턴은 흑표당(Black Panther Party, 블랙팬서당)의 일리노이주 지부장이었습니다. 흑표당은 무장투쟁을 마다하지 않는 사회주의 단체로, 혁명을 내세우며 많은 흑인을 하나로 모았습니다. 햄프턴은 흑표당의 떠오르는 별이었지요. 그는 '불에는 물로, 인종주의에는 연대로, 자본주의에는 사회주의로 맞서야 한다'는 구호를 외치며 흑인 운동을 이끕니다. 빼어난 연설 실력과 특유의 친화력으로 세력을 확대해 나가며 흑인뿐만 아니라 히스패닉계,● 심지어 가난한 백인의 마음까지 사로잡았지요.

당시 미국의 안보를 책임지던 FBI 국장 존 에드거 후버John Edgar Hoover는 흑표당을 러시아나 중국보다 더 위험하다고 여겼습니다. 이들이 미국의 안보를 가장 크게 위협하는 존재라고 판단했지요. FBI는 그중에서도 핵심 요인인 햄프턴을 요주의 인물로 간주했고 어떻게 해서든 그의 활동을 막으려 합니다.

한편 열일곱 살의 흑인 청년 윌리엄 오닐은 FBI 요원을 사칭해 차를 훔치다가 경찰에 붙잡힙니다. 그리고 자신을 조사하던 FBI 요원 로이 미첼에게서 거부할 수 없는 제안을 받습니다. 그 제안에 따라 윌리엄은 감옥에 가지 않는 대신, 흑표당 일리노이주 지부에 위장 잠입해 햄프턴을 감시하고 그와 관련한 정보를 캐는 임무를 부

●　　　스페인어를 모국어로 쓰는 라틴아메리카계의 미국 이주민.

여받습니다. 그렇게 흑표당에 들어간 윌리엄은 햄프턴의 경호원 겸 운전기사로 일하지요.

그동안 흑인 인권 운동에 큰 관심이 없었던 윌리엄이었지만, 세상을 바꾸기 위해 열정적으로 몸을 던지는 햄프턴을 가까이에서 지켜보며 그에게 동화되기 시작합니다. 그리고 윌리엄의 고뇌도 깊어집니다. FBI의 정보원이 되어 누군가를 염탐하는 것만으로도 괴로운데, 자신이 흠모하는 인물에게 불이익이 될 행동을 해야 하니까요. 게다가 스파이 노릇을 하는 자신의 정체가 언제 들통날지 모른다는 두려움도 있습니다. 하지만 로이는 스파이 일에서 발을 빼려는 윌리엄을 붙잡아 더 큰 음모를 꾸밉니다.

공권력의 살인은 현재 진행 중

로이는 윌리엄에게 마지막 임무라고 하며 햄프턴에게 수면제를 몰래 먹이라고 시킵니다. 윌리엄은 갈등했지만 결국 살아남기 위해 어쩔 수 없이 로이가 시키는 대로 임무를 수행합니다. 그렇게 수면제로 인해 햄프턴이 깊은 잠에 빠져든 사이, 경찰은 기습 공격을 감행합니다. 경찰의 일방적인 총격전이 벌어지고, 햄프턴은 총알이 쏟아지는 가운데서도 잠에 취해 있습니다. 그렇게 그는 반격도 하지 못한 채 속수무책으로 목숨을 빼앗깁니다.

민주주의의 상징과도 같은 미국에서 공권력이 어떻게 자국민에게 총알 세례를 퍼부을 수 있었을까요? 소수 세력이라도 공산당이

합법적으로 존재하는 나라인데, 단지 햄프턴이 혁명 운운했다는 이유로 제거되었을 리는 없습니다. FBI 국장의 눈에 흑인은 마땅히 보호해야 할 국민이 아닌, 위험천만한 일을 저지를 가능성이 큰 불순분자로만 보였을 겁니다. 위험한 사상에 빠져 무장 투쟁을 앞장서 부추기는 햄프턴이 눈엣가시처럼 여겨졌겠지요.

로이 역시 인종주의에 젖은 사람입니다. 그는 윌리엄을 설득한 답시고 백인 우월주의를 내세우는 미국의 비밀 결사 단체 KKK(Ku Klux Klan, 큐 클럭스 클랜)를 언급합니다. 흑표당이 KKK만큼 과격하고 극단적인 단체이니 감시와 통제가 마땅히 필요하다는 논리였지요. 하지만 현실은 딴판입니다. 미국 정부가 KKK를 통제하기 위해 단체 수뇌부를 은밀히 암살하려 했다는 이야기는 나온 적이 없습니다. 하지만 로이는 마치 공익을 위해 첩보 활동을 하는 것처럼 윌리엄을 구워삶습니다. 이렇듯 영화 〈유다 그리고 블랙 메시아〉는 햄프턴의 비극적 죽음 뒤에, 마땅히 국민을 위해 일해야 함에도 흑인은 자국민으로 여기지 않은 미국 경찰과 정보 당국의 치밀한 공작(목적을 위해 미리 꾸민 일)이 있었다는 사실을 낱낱이 드러냅니다.

그런데 햄프턴의 비극을 50여 년 전 과거의 일로만 여길 수 있을까요? 우리는 미국 공권력이 여전히 인종주의 그늘 아래 있다는 사실을 알고 있습니다. 2020년 5월, 미네소타주에서 발생한 '조지 플로이드 George Floyd 사건'이 대표적인 예입니다. 당시 경찰들은 위조지폐 사용 혐의로 용의자 조지 플로이드를 체포하는 과정에서

목을 무릎으로 짓눌러 숨지게 했습니다. 이 사건은 용의자가 흑인이라서 벌어진 일이라며, 전 세계적인 시위로 이어졌지요. 이렇듯 미국 경찰의 흑인 과잉 진압 사건은 잊을 만하면 등장해 뉴스를 달굽니다.

과잉 진압의 당사자는 사건 이튿날 경찰국에서 해고되었으며, 백인 6명과 흑인을 포함한 다인종 6명으로 이뤄진 배심원단은 만장일치로 그의 유죄를 평결했습니다. 50여 년 전보다 미국이 그나마 나아진 점이 있다면, 잘못된 공권력 집행에 대한 단죄가 이뤄진다는 정도일까요? 미국 사회에서 인종주의가 해소되기 위해 여전히 남은 과제가 많다는 것을 영화는 간접적으로 보여 줍니다.

한국사

시대를 읽고
비틀고 뒤집다

남산의 부장들,
2020

**충성,
총성으로
바뀌다**

감독 - 우민호
출연 - 이병헌(김규평 역)
이성민(박통 역)
곽도원(박용각 역)
이희준(곽상천 역)
김소진(데보라 심 역)

파국을 피하려는 권력의 폭주

여러분은 1979년 10월 26일, 국내에서 어떤 일이 벌어졌는지 알고 있나요? 한국 현대사를 공부한 친구들이라면, 이날 박정희 전 대통령이 서울 궁정동 안전 가옥●에서 자신의 심복이자 정권 실세 중 한 명이었던 김재규 중앙정보부장에게 살해되었다는 것을 알 거예요. 당시 목숨을 잃은 건 박 전 대통령뿐만이 아닙니다. 차지철 대통령 경호실장도 유명을 달리했고, 안전 가옥에 있던 수많은 경

● 특수 정보기관 등에서 비밀 유지를 위하여 이용하는 일반 형태의 집. 궁정동 안전 가옥은 현재 무궁화동산이라는 공원으로 바뀜.

호원이 총격전 끝에 숨졌습니다.

박 전 대통령은 1961년 5·16 군사 정변으로 정권을 잡은 이후 18년 동안 대한민국을 통치한 최고 권력자였습니다. 그는 직접 선거 3회, 간접 선거 2회로 헌법 절차에 따라 다섯 번이나 대통령에 당선되었지요. 그러나 당시 선거의 모습은 자유로운 분위기 속에서 치러지는 오늘날과 전혀 달랐습니다. 대통령 선거에 출마할 때마다 중앙정보부가 큰 역할을 했거든요. 이들은 선거에 개입하고, 경쟁 후보에 대한 흑색선전 등을 통해 판세를 박 전 대통령에게 유리하게 만들었지요.

중앙정보부는 지금으로 따지면 국가정보원과 비슷한 기구지만 성격은 많이 다릅니다. 나라 안보를 위해 만들어졌으나 정권의 안위를 위해 일한다는 비판을 받기도 했지요. 고문과 사찰(남의 행동을 몰래 엿보아 살핌)을 아무렇지 않게 하는 것으로도 악명이 높았습니다. 온갖 정보를 틀어쥔 데다 '나는 새도 떨어뜨린다'는 말이 나올 정도로 막강한 조직이니 대통령은 아무래도 자신이 믿을 만한 사람을 중앙정보부장으로 앉힐 수밖에 없었습니다. 중앙정보부장은 대통령 신임을 바탕으로 권세를 누리는 자리였고요. 그런데 충성에 따른 큰 대가를 받았을 중앙정보부장이 박 전 대통령에게 총을 겨누고 방아쇠를 당긴 이유는 무엇이었을까요?

영화 〈남산의 부장들〉은 10·26 사태가 일어나기까지의 40일간을 다룹니다. 실존 인물 사이에서 벌어졌을 만한 일들을 추정해 사

건의 원인을 파헤치는 내용이니 아무래도 허구가 더해질 수밖에 없습니다.

실존 인물에 대한 괜한 오해가 생겨날 것을 우려해서인지 영화에서는 등장인물과 실존 인물 이름이 다릅니다. 박정희 전 대통령은 박통, 김재규 전 중앙정보부장은 김규평, 차지철 전 대통령 경호실장은 곽상천, 미국으로 망명한 후 박정희 정권을 비판했다가 프랑스 파리에서 실종된 김형욱 전 중앙정보부장은 박용각으로 등장합니다. 이렇듯 영화는 사실과 허구를 섞는 방식을 통해 당시 정치인 개개인의 공과를 평가하기보다 권력의 잔혹함과 작동 방식 등에 무게를 두고 이야기를 풀어 나갑니다.

충성이 총성으로 바뀐 이유

박통은 자신의 권력을 유지하기 위해 이인자 그룹의 충성 경쟁을 유도합니다. 권력욕이 가득한 수많은 부하가 있기에 이인자는 언제든 채울 수 있습니다. 이인자 그룹에 들어간 이들은 경쟁자가 자신을 위협할 수 있다는 생각에 계속 불안에 떨며 서로 경쟁할 수밖에 없습니다.

박용각은 중앙정보부장을 지내면서 박통의 의중을 빠르게 읽고 행동했던 인물입니다. 그는 박통의 뜻을 받들어 대통령을 연속 세 번 할 수 있도록 헌법을 고치는 '3선 개헌'에 앞장섰습니다. 그러나 가장 중요한 일을 했다고 자부하던 박용각에게 박통은 왜 시키지도 않은 일을 했냐며 타박하고, 그동안 받은 뇌물을 다 뱉어 내라는 식으로 말합니다.

이후 미국으로 망명한 박용각은 작심한 듯 박통 정권 비판에 나섭니다. 최고 권력자의 총애를 받던 인물이 순식간에 아래로 굴러떨어지고, 반기를 드는 과정은 권력의 속성을 잘 드러냅니다. 박용각은 자신을 저지하기 위해 미국을 찾은 옛 친구인 김규평에게 이렇게 말합니다.

"너도 내 꼴 나기 전에 잘 생각해라."

박용각을 만난 후에도 박통을 향한 김규평의 충성은 흔들리지 않습니다. 김규평은 부산, 마산 일대에서 대규모 반정부 시위가 일어나자 박통에게 강력 대응만이 능사가 아니라고 충언합니다. 경호실장 곽상천이 박통의 눈과 귀를 가린다고 걱정하기도 하지요. 그러나 박통은 강경론을 내세우고, 자신의 입맛에 맞는 말만 골라 하는 곽상천을 더 신임하는 듯합니다.

불안감에 휩싸인 김규평은 어떻게 하면 박통의 마음을 다시 사로잡을 수 있을지 고민합니다. "임자 하고 싶은 대로 해. 임자 옆엔 내가 있잖아."라는 박통의 말이 달콤한 채근으로 들립니다. 김규평은 박용각을 암살하기 위해 자신의 수족을 투입합니다. 이에 질세라 곽상천도 중앙정보부에 미리 심어 놓았던 비밀 요원을 투입합니다. 결국 김규평이 먼저 박용각의 목숨을 빼앗고 곽상천과 경쟁에서 이기지요. 하지만 박통은 '친구까지 죽인 인물'이라며 그를 경멸합니다. 박용각 제거라는 목표를 이루자 김규평에게 더는 다정히 대할 필요가 없어진 것이지요. 배신감과 환멸에 휩싸인 김규평은 박통을 향해 치밀어 오르는 분노를 느낍니다. 때마침 미국 정부가 박통을 마땅치 않게 여기는 상황이 되자 그는 미국이 자신의 편을 들어 줄지도 모른다는 생각에 총을 듭니다.

폭주하는 권력의 비극적 결말

영화는 권력의 밀실에서 벌어지는 일들을 그립니다. 실제 박정희 정권은 언론에 재갈을 물렸고, 야당 정치인들의 비판적인 목소리를 정권에 반영하지 않았습니다. 시민들이 선거를 통해 박정희 정권을 심판할 상황도 아니었지요.

1972년 10월 유신•을 시작으로 그해 12월에 '통일주체국민회의'••라는 허수아비 같은 집단이 생겼고, 이를 통해 대통령이 선출되었습니다. 여당인 민주공화당과 별도로 유신정우회 의원이 국회 의석의 3분의 1을 차지했습니다. 유신정우회 의원은 대통령의 추천을 받아 통일주체국민회의에서 선출됩니다. 즉, 대통령 스스로 물러날 생각이 없으면 아무도 대통령을 퇴진시킬 수 없는 구조지요.

● 1972년 10월 17일 당시 박정희 대통령의 특별 선언 발표 및 헌법 개정 사태. 10월 27일에 '10월 유신'으로 명칭이 통일됨.

●● 1972년 12월 유신 헌법에 의해 설치된 기관. 설치 목적과 다르게 대통령 선출을 위한 수단으로 이용되었으며 1980년 10월에 폐지됨.

이런 상황에서 최고 권력자와 이인자들의 언행은 거침없습니다. 말로는 국민을 위해 쿠데타를 일으키고 정권을 잡았다고 하지만 이들에게 민심이라는 브레이크는 작동하지 않습니다. 그래서 민심이 표출될 방법은 오직 시위뿐이었지요. 부산과 마산 일대에서 대규모 시위가 벌어지자 곽상천은 이들을 탱크로 모조리 밀어야 한다고 말합니다. 민주주의국가에서 시민이 반정부 시위를 벌이면 정부는 여론에 촉각을 세우고 이런저런 조치를 내놓는 게 일반적인 모습이나, 영화 속은 전혀 다릅니다. 전혀 민주적으로 물러날 것 같지 않은 정권이었으니까요. 그러니 결국 폭력적인 수단으로 한순간에 몰락한 것 아닐까요?

영화에는 종종 고뇌에 잠긴 박통의 모습이 나옵니다. 그는 부하들의 충성심 경쟁을 이용해 권좌를 유지했지만 진정으로 믿을 만한 측근은 없는 것 같습니다. 박통이 홀로 술잔을 기울이며 서글피 〈황성옛터〉를 흥얼거리는 모습은 자신이 움켜쥔 절대 권력에 스스로 갇혀 버린 한 사람의 외로움을 드러내는지도 모릅니다. 마치 권력이라는 열차에 올라타 미친 듯이 달리다 브레이크가 망가져 내릴 수도 없는 것처럼요. 이렇듯 영화 〈남산의 부장들〉은 민주주의가 작동하지 않는 상황에서 밀실 권력이 어떤 최후를 맞이하는지 보여 주고 있습니다.

나랏말싸미,
2019

천 년 가는 문자의 의미

감독 - 조철현
출연 - 송강호(세종 역)
박해일(신미 역)
전미선(소헌왕후 역)
김준한(세자 역)
차래형(수양 역)

정보의 대중화로 생긴 일

요하네스 구텐베르크Johannes Gutenberg의 인쇄술은 서양사에서 매우 중요한 발명 중 하나입니다. 구텐베르크는 서양 최초로 금속활자를 발명해 대량 인쇄술을 탄생시킨 인물이지요.

한 글자라도 틀리면 처음부터 글자를 다시 파야 했던 목판 인쇄와 달리 구텐베르크의 인쇄술은 한 글자씩 만든 금속활자를 조합해 여러 종류의 책을 인쇄할 수 있었고, 목판보다 튼튼해 대량 인쇄가 가능해졌습니다.

인쇄술의 발달로 책이 보편적 매체가 되면서 오늘날의 정보 혁명과 같은 수준의 엄청난 변혁도 함께 일어났습니다. 책을 가지거나 접할 수 있었던 소수 지배층의 정보 독점은 무너졌고, 정보의 대중화는 빨라졌지요.

금속활자의 등장은 교회에도 큰 영향을 끼쳤습니다. 당시 로마 가톨릭교회는 여러 문제점을 안고 있었습니다. 특히 『성서』를 책으로 접할 수 있었던 소수의 성직자들이 그 내용을 곡해해 민중을 기만하는 사례가 많았지요. 이들은 교회를 앞세워 잇속을 챙기는 데만 정신이 팔렸습니다. 그중 대표적인 사례가 바로 면죄부(면벌부) 판매입니다. 돈만 내면 죄를 면할 수 있고, 죽은 뒤에 천국에 갈 수 있다고 신자를 속였습니다. 심지어 성직을 사고팔기까지 했지요.

독일의 성직자였던 마르틴 루터 Martin Luther 는 이러한 부패를 바로잡기 위해 교황청의 잘못을 지적하는 '95개조 반박문'을 비텐베르크교회 대문에 내걸고 종교개혁에 나섰습니다. 루터의 종교개혁은 개신교의 탄생으로 이어졌고, 교황 권력의 쇠퇴를 이끌었습니다.

역사가들은 구텐베르크의 인쇄술이 없었다면 루터의 개혁도 성공하기 어려웠을 것이라고 말합니다. 『성서』를 비롯한 여러 인쇄물이 널리 보급되면서 대중을 계몽하는 역할을 했기 때문이지요. 즉, 정보의 대중화가 역사의 물줄기를 바꿀 수 있음을 보여 주는 사례입니다. 면죄부와 95개조 반박문에는 모두 구텐베르크의 인쇄술이 쓰였다고 합니다.

세종의 한글 창제를 다룬 〈나랏말싸미〉는 지식과 정보를 널리 퍼트려 세상의 변혁을 꿈꿨던 사람들의 사연을 담은 영화입니다. 누구나 쉽게 배우고 편하게 쓸 문자를 만들어 민중을 깨우치고자 한 이들의 이야기가 생생히 펼쳐지지요.

논쟁 속에서 찾는 세종의 자세

먼저 짚고 넘어갈 부분이 있습니다. 이 영화 설정에 논란의 여지가 많다는 점입니다. 한글 창제의 주역은 세종입니다. 『세종실록』 속 세종 25년(음력 1443년) 12월 기록에는 "이달에 임금께서 몸소 언문 스물여덟 글자를 만들어 내니…"라고 쓰여 있지요. 한글 창제 이유와 사용법 등을 풀이한 『훈민정음 해례본』에는 자음은 인체 발음 기관의 모양을, 모음은 천지인(하늘·땅·사람)의 원리를 토대로 만들었다고 나와 있습니다.

하지만 영화는 정설과 다른 가설을 내세웁니다. 새로운 문자를 만들기 위해 고군분투하던 세종이 산스크리트어●를 비롯한 여러 언어에 능통했던 승려 신미의 도움으로 한글을 창제할 수 있었다고 설정하지요. 영화에서 신미는 소리 문자를 만들기 위해 본인이 능숙하게 알던 산스크리트어를 참조해 한글을 만들어 나갑니다. 신미가 실존 인물은 맞지만 정설과는 전혀 무관한 설정입니다. 여기

● 인도의 고전어. 힌두교·대승불교·자이나교 경전의 언어이자 수많은 인도아리아어 고급 어휘의 뿌리임.

나랏말쓰미

서 더 나아가 영화는 한글 창제에 주도적인 역할을 한 사람이 마치 신미인 것처럼 그리며 세종을 뒤편으로 밀어냅니다.

이처럼 논란의 여지가 있지만 영화 〈나랏말싸미〉가 품은 메시지는 주목할 만합니다. 우선 영화에서 세종이 한글 창제라는 목적을 이루기 위해 선택한 실용적인 자세입니다. 조선은 고려 말기의 혼란한 상황을 바로잡기 위해 무장 세력과 신진 사대부 세력이 의기투합해 세운 나라입니다.

유교를 이념으로 삼은 신진 사대부는 고려가 민심을 잃은 이유 중 하나를 불교의 타락으로 꼽았습니다. 고려의 국교였던 불교는 시간이 점점 흐를수록 승려들의 부패와 타락이 극에 달했고, 나라의 근간마저 흔들어 놓았습니다. 이에 따라 '불교를 억제하고 유교를 숭상하는 것(억불숭유)'은 조선 건국 당시부터 주요한 국정 기조였지요.

이렇게 조선 지배층이 불교를 역병처럼 여기며 배척하는 와중에 왕이 새 문자를 만들기 위해 승려와 손을 잡았다는 것은 매우 중대한 정치적 문제가 될 만합니다. 더구나 유학자들은 새 문자 발명을 완강히 반대했습니다. 중국(명)을 종주국으로 받들던 이들은 중국의 문자인 한자 사용을 종주국에 대한 예의로 여겼습니다.

무엇보다 한자는 유교의 지배 체제를 유지하는 주요 축 가운데 하나였습니다. 공자와 맹자의 가르침을 배우기 위해서는 반드시 한자를 알아야 했기 때문입니다. 어려서부터 한자 공부를 하고 과거에 통과해 엘리트로 거듭날 수 있었던 당대 유학자들은 한자가 아닌 다른 문자의 등장을 경계할 수밖에 없었습니다. 지식과 정보가 곧 권력이라는 사실을 이미 알았던 것이지요.

오랜 꿈의 실현을 도울 마땅한 조력자가 없었던 세종에게 신미의 등장은 반가울 따름입니다. 신미 입장에서도 문자를 만들자는 왕의 제안이 매력적으로 다가왔겠지요. 불교가 억압받는 상황에서 쉬운 문자를 통해 불경을 간행하면 불교를 전파하는 데 유리할 테고, 중생을 구제한다는 불교의 취지와도 맞아떨어지기 때문입니다.

천 년을 내다본 세종의 고독한 결정

영화는 유교 국가의 왕과 승려의 파격적인 만남을 통해 극적인 재미를 이끌어 냅니다. 신하들의 눈을 피해 세종이 불교 인사와 손을 잡고 새로운 문자를 작업해 나가는 위험천만한 과정을 보여 주면서 그가 얼마나 절실하게 한글 창제에 매달렸는지를 전달하려 하지요. 또 세종이 왜 그토록 신하들의 반대와 위험을 무릅쓰면서까지 한글 창제에 몰두했는지를 드러냅니다.

세상에 잘 알려져 있듯 한글은 백성을 사랑하는 세종의 마음이 담겨 있습니다. 영화는 여기서 한발 더 나아가 세종의 의중을 더욱 깊이 들여다보려 합니다.

세종은 한글이 당대에 쉽사리 주류로 자리 잡을 수 없음을 잘 알았습니다. 하지만 세종은 '천 년을 갈 문자'를 만들자고 신미에게 강조해 말합니다. 여기에는 훗날 민중이 한글을 널리 쓰는 시대가 올 것이라는 그의 기대가 깔려 있습니다. 언젠가 시간이 흘러 많은 이들이 한글로 쉽게 지식과 정보를 얻을 시기가 오면 소수 지배층에 의한 정치 체제도 바뀔 수 있을 것이라 조심스레 예측한 것 아닐까요?

한글 창제는 세종의 위대한 업적입니다. 만약 한글이 없었다면 우리는 우리 말과 생각을 온전히 담기 어려운 한자를 지금까지 써야 했을 수도 있습니다. 그리고 오늘날처럼 민주화된 대한민국이 없었을지도 모릅니다. 지배층의 극심한 반대 속에서도 먼 미래까지 내다보고 한글을 창제한 세종의 혜안은 그저 놀라울 따름입니다.

비록 영화 내용에 논란의 소지가 많고 학술적으로 검증되지 않은 부분이 있지만 세종이 우리 삶에 끼친 지대한 영향에 대해서는 반박의 여지가 없습니다.

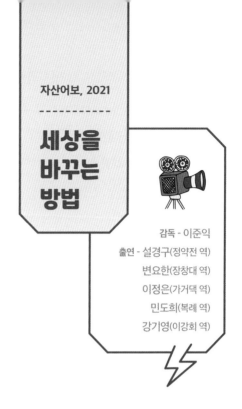

자산어보, 2021

세상을 바꾸는 방법

감독 - 이준익

출연 - 설경구(정약전 역)

변요한(장창대 역)

이정은(가거댁 역)

민도희(복례 역)

강기영(이강회 역)

천주교, 조선을 흔들다

19세기 들어 조선은 서서히 쇠락의 길을 걷습니다. 임진왜란과 병자호란이 큰 원인이었습니다. 영조(1724~1776 재위)와 정조(1776~1800 재위) 시기를 거치며 잠시 부흥을 맞기도 했으나, 정조의 죽음 이후 조선은 헤어나기 힘든 수렁 속으로 빠져듭니다.

세도 정치●가 이어지면서 왕권은 별 힘을 쓰지 못했고, 부패한 관리들은 벼슬까지 사고팔며 자신들의 재산을 불리는 데만 바빴습

● 왕의 위임을 받아 정권을 잡은 특정인과 그 추종 세력에 의해 이루어지는 정치 형태.

니다. 그로 인한 고통은 오롯이 백성의 몫이었습니다.

핍박받는 백성들이 어디에도 기댈 곳이 없던 때, 새로운 외래 종교가 조선에 들어와 세력을 키우기 시작했습니다. 바로 천주교였습니다. 신 앞에 모든 사람은 평등하다는 천주교를 믿는 사람들은 점점 늘어났습니다. 조선 조정은 안간힘을 다해 천주교 확산을 막습니다. 천주교 사상이 조선의 통치 이념인 유교와 정반대이니, 자칫 나라가 뿌리째 흔들릴 수 있다는 판단에서였지요.

한편, 지식인들은 천주교에서 대안을 찾기 시작합니다. 정조가 의지하던 신하 정약전(1758~1816)과 정약용(1762~1836) 형제 역시 천주교 신자였지요. 정조가 살아 있을 때는 두 형제를 어찌하지 못했던 반대파들은 1800년에 정조가 숨을 거두자 본격적으로 행동에 나섭니다. 정조의 뒤를 이은 순조의 나이가 어려서 섭정●을 맡은 정순왕후(1745~1805, 영조의 계비)는 천주교 신자들을 색출해 엄벌하라는 명을 내립니다. 이로 인해 100여 명이 처형당하고, 400여 명이 유배를 떠나지요. 이것이 바로 1801년에 일어난 신유박해(辛酉迫害)입니다. 두 형제도 박해의 칼날을 피할 수 없었습니다. 형 정약전은 흑산도로, 동생 정약용은 강진으로 유배됩니다.

영화 〈자산어보〉는 정약전, 정약용 형제가 세상의 중심에서 변두리로 밀려난 이후의 이야기를 그립니다. 이들이 살아가던 19세

● 왕이 직접 통치할 수 없는 상황일 때, 그를 대신해 나라를 다스리는 일 또는 그런 사람.

기 조선 사회는 현대를 살아가는 우리에게도 여러 생각할 거리를
던져 줍니다.

외우는 공부가 나라를 망쳤다

영화의 중심인물은 정약전과 흑산도의 청년 어부 장창대입니다.
장창대는 서자 출신으로 신분은 보잘것없지만 총명하고 글 욕심이
많습니다. 출세에 대한 욕심도 있지요. 성리학 공부에 전념해 출세
를 꿈꾸는 장창대에게 사학죄인●의 몸으로 흑산도에 유배된 정약
전은 경계의 대상이었습니다. 그의 눈에는 정약전이 죗값을 치러야
마땅한 인물로 보였을 테니까요. 반면, 정약전은 바다 생물에 대해
훤하게 아는 데다가 배움에 대한 열망까지 지닌 장창대에게 호감
을 보입니다.

그러던 어느 날, 장창대는 과도한 수탈로 고통받는 섬 주민들의
모습에 분노해 관아에 가서 부조리한 현실을 따지다 오히려 곤장
을 맞고 옥에 갇힙니다. 이에 정약전은 직접 관리를 찾아가 부탁해
장창대를 구해 내지요. 장창대는 고마운 마음에 물고기를 들고 정
약전을 찾아갑니다. 정약전은 장창대에게 글공부를 도와줄 테니 그
대신 바다 생물을 알려 달라는 일종의 거래를 제안합니다. 장창대
가 이를 수락하면서 두 사람은 스승과 제자 사이가 됩니다.

●　　사학을 좇는 죄인이라는 뜻인데, 대개 천주교인을 칭함. 여기서 사
학은 성리학에 반대되거나 위배되는 학문을 일컬음.

153

정약전은 장창대의 도움을 받아 어류 도감인 『자산어보』를 쓰기 시작하고, 장창대는 정약전의 가르침을 발판 삼아 글공부에 전념합니다. 여기서 '자산'은 '흑산(도)'의 다른 말이며, '흑(黑)'이 어둡고 무서운 느낌이라 정약전이 같은 뜻인 '자(玆)'로 바꿔 썼다고 알려져 있지요.

그동안 세상을 글로 바라봤던 정약전은 섬에 살면서 세상의 이치를 새롭게 깨우칩니다. 반대로 장창대는 글을 통해 늘 꿈꾸었던 새로운 세상으로 나아가려 합니다. 그는 자신을 아들로 인정하지 않았던 아버지 장 진사의 도움으로 뭍에 나간 뒤 과거에 합격해 관리의 길을 걷습니다. 장창대는 성리학을 바탕으로 그 뜻을 제대로 실천하면 백성을 위한 이상 세계를 만들 수 있다고 믿었지요.

하지만 정약전은 성리학에서 말하는 이상 세계는 이미 썩어 무너졌다고 생각합니다. 그는 장창대의 생각이 출세해서 재물을 얻고자 하는 욕망의 발현이라 여겼지요. 실사구시(實事求是)●의 태도가 몸에 밴 정약전은 '외우는 공부가 나라를 망쳤다'며 장창대를 꾸짖습니다. 나라가 그동안 백성의 생존과 부국강병에 필요한 공부는 외면하고, 공자와 맹자만 논하다가 일본과 청에 유린당하는 치욕을 겪은 것으로 생각했기 때문입니다. 정약전이 『자산어보』에 매달리는 이유도 이와 같은 맥락입니다.

●　실천 없는 이론이나 논의를 떠나 고증을 바탕으로 둔 과학적·객관적 학문 태도.

『자산어보』는 바다 생물의 이용 가치는 물론 당시 어민들의 삶까지 엿볼 수 있는 귀중한 자료로, 오늘날 정약전이 남긴 책 중 가장 실용적인 것으로 평가받습니다. 백성에게 실질적으로 도움이 될 만한 지식을 탐구하는 데 몰두하는 그는 여전히 성리학에 대한 환상을 품은 장창대와 부딪힐 수밖에 없습니다. 그러다 장창대가 출세에 대한 욕망을 키우면서 둘 사이 갈등의 골은 더욱 깊어집니다.

더 나은 사회로 가는 법

정약전과 정약용은 우애 깊은 형제입니다. 이 둘은 한 시대를 풍미한 학자이자 정조가 믿고 아끼는 신하이지요. 천주교도 함께 입문했습니다. 그러나 신유박해로 또 다른 형제인 정약종을 잃고 자신들도 죽을 고비를 겪습니다. 중앙 무대에서 쫓겨나 변방에서 새로운 삶을 모색하다 보니 서로에 대한 정은 더욱 커졌지요.

하지만 우애와 별개로 두 사람의 행보는 다릅니다. 실용서를 쓰는 데 힘을 쏟는 정약전과 달리, 동생 정약용은 『목민심서』와 『경세유표』 등 세상을 잘 다스리는 치세(治世)와 관련된 책을 씁니다. 두 사람의 저술은 각자의 세계관과 가치관을 반영하지요.

형 정약전은 상놈, 양반, 임금도 없는 누구나 평등한 세상을 꿈꿉니다. 그래서 동생과 달리 세상을 다스리는 일에 관심이 없습니다. 이는 성리학이 조선에서 생명력을 다했다는 판단에서 나온 태도입니다. 반면 정약용은 형과 달리 성리학에 아직 희망이 있다고 여깁니다. 조선 사회의 폐단은 체제를 운영하는 사람들의 잘못 때문이지 성리학 자체의 문제는 아니란 사고가 깔려 있었지요. 정약용은 나라의 질서를 바로잡기 위해 골몰하며 그 생각들을 기록으로 남깁니다. 장창대는 스승 정약전의『자산어보』가 아닌『목민심서』의 길을 따르고자 합니다. 하지만 그의 의욕은 현실이라는 거대한 벽 앞에서 무참히 꺾이고 말았지요.

영화는 200여 년 전 조선을 그리지만 현시대를 사는 우리도 영화 속 주인공들과 별반 다르지 않은 고민을 하고 있습니다. 우리는 정약전처럼 개혁적인 사회를 꿈꾸며 조금 더 실용적인 지식을 터득하는 데 집중해야 할까요? 아니면 장창대나 정약용처럼 기존 질서의 장점을 살리려고 노력하면서 온건한 개혁의 길을 택해야 할까요?

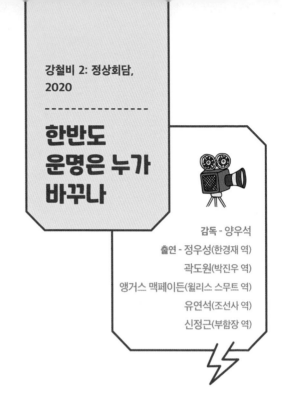

강철비 2: 정상회담, 2020

한반도 운명은 누가 바꾸나

감독 - 양우석
출연 - 정우성(한경재 역)
곽도원(박진우 역)
앵거스 맥페이든(윌리스 스무트 역)
유연석(조선사 역)
신정근(부함장 역)

고차 방정식 같은 한반도 외교

1905년 9월, 당시 미국 제26대 대통령이었던 시어도어 루스벨트Theodore Roosevelt의 딸 앨리스 루스벨트Alice Roosevelt가 아시아 사절단 일원으로 대한제국을 방문했습니다. 제멋대로 행동하고 자유분방한 성격으로 유명했던 앨리스는 대한제국에 와서도 눈살을 찌푸리게 만드는 행동을 일삼았습니다. 고종 등 대한제국 황실 인사들을 알현할 때도 예의에 어긋난 언행을 거침없이 하더니, 명성황후가 묻힌 홍릉을 방문해서는 말 모양 석상을 타고 기념사진까지 찍었습니다.

이러한 무례에도 대한제국 황실은 앨리스 일행을 극진히 대접했습니다. 일본의 침략 야욕 속에서 기댈 곳은 미국밖에 없다는 생각으로 이들을 통해 미국과 손잡을 기회를 만들고자 했지요. 한반도 지배를 두고 다투던 청과 러시아가 일본과의 전쟁에서 패했으니, 지푸라기라도 잡고 싶은 심정이었을 겁니다.

하지만 대한제국 황실의 바람은 헛된 것이었습니다. 이미 50여 일 전에 미국 육군 장관 윌리엄 태프트William Taft와 일본 총리 가쓰라 다로桂太郎가 만나 '가쓰라·태프트 밀약'을 맺는 바람에 일본의 한반도 지배를 미국이 인정한 상태였지요. 밀약을 바탕으로 한반도 지배에 더욱 자신감을 가진 일본은 그해 11월 17일, 대한제국 정부를 압박해 을사늑약(乙巳勒約)을 체결합니다. 이로써 대한제국은 외교권을 빼앗기고 사실상 식민지로 전락합니다. 열강의 다툼 속에서 약소국인 대한제국은 한낱 장기판의 말에 불과했던 것이지요. 미국 대통령의 딸 방한과 가쓰라·태프트 밀약은 냉혹한 국제사회의 이면을 보여 주는 여러 사례 중 하나입니다.

그로부터 100여 년의 시간이 흐른 지금, 한반도를 둘러싼 주변국들의 역학 관계는 바뀌었을까요? 중국은 막강한 경제력을 바탕으로 미국에 대적할 강대국으로 부상 중입니다. 미국은 중국에 패권을 뺏기지 않기 위해 골몰 중이고요. 일본은 과거 제국주의●의

● 자국의 정치적·경제적 지배권을 다른 민족·나라의 영토로 확대하려는 정책.

망령을 부활시키려는 듯 보입니다.

100여 년 전과 달리 한반도는 남북으로 나뉘어 역학 관계는 더 복잡해졌고, 한반도 주변국 간의 갈등은 고조될 수밖에 없는 상황입니다. 〈강철비 2: 정상회담〉은 한반도를 둘러싼 고차 방정식 같은 역학 관계 속에서 대한민국이, 나아가 한민족이 살아남는 방법은 무엇인가에 대한 고민을 담은 영화입니다.

강대국의 꿍꿍이속, 설 곳 없는 대한민국

영화 〈강철비 2: 정상회담〉은 현실을 바탕으로 허구를 담은 이야기입니다. 대한민국과 북한, 미국이 한반도 평화 협정을 두고 팽팽한 줄다리기 중인 상황이지요. 미국은 북한 핵무기를 모두 미국으로 가져가는 조건으로 평화 협정을 체결하려 합니다. 북한은 미국을 믿을 수 없다며 평화 협정을 우선 조건으로 내겁니다. 그리고 대한민국은 북한과 미국 사이의 이견을 조정하기 위해 애씁니다.

그런데 평화 협정은 이웃 나라인 중국과 일본 입장에서도 민감한 문제입니다. 미국과 대립 관계인 중국은 핵을 가지고 미국에 맞서는 북한이 필요합니다. 일본은 평화 협정을 통해 대한민국과 북한이 통일의 길로 가는 게 탐탁지 않습니다. 북핵이라는 명분이 있어야 자신들의 군비 강화가 가능하니까요.

이렇게 민감한 상황에서 미국은 중국의 힘을 빼 놓을 비밀 작전을 추진합니다. 중국과 일본이 영토 분쟁을 벌이는 센카쿠 열도(댜오위다오)●에서 물리적 충돌을 유도해 중국을 공격하려는 속셈입니다. 하지만 일본은 동맹국인 자신들을 이용하려는 미국의 작전을 충실히 따르지 않습니다. 굳이 미국의 이익을 위해 전쟁까지 불사할 이유는 없다고 계산한 것이지요. 일본은 오히려 중국에 작전 내용을 몰래 알리고, 북한을 끌어들여 독도에서 물리적 충돌을 유도합니다. 독도 인근에서 대한민국 해군(실제로는 북한군)이 일본 군함을 공격한 것처럼 꾸며 해전을 벌이고 독도를 무력 점령하려는 술수를 부린 것이지요.

중국은 일본의 계략이 실행되도록 일본 우익 단체에 거금을 제공하는 한편, 핵무기 포기와 평화 체제 수립에 반대하는 북한 강경파인 호위총국장 박진우를 꼬드겨 한반도의 평화 협정 판을 깨려고 합니다. 그러면서 일본의 뒤통수를 칠 모종의 작전을 준비하지요. 호위총국장은 쿠데타를 일으켜, 북한 원산시에서 회담 중인 대한민국 대통령 한경재와 북한 국무위원장 조선사, 미국 대통령 윌리스 스무트를 붙잡아 핵잠수함 백두호로 끌고 갑니다. 이후 그가 중국의 의도대로 작전을 펼치면서 이야기가 전개됩니다.

비록 현실성이 떨어진다 해도 영화는 대한민국이 처한 엄혹한

●　　동중국해 남부에 있는 군도로 일본 오키나와에서 약 400km, 중국 본토에서 약 350km, 타이완에서 약 200km 떨어진 곳에 위치함. 일본이 실효 지배하나 중국·타이완과 함께 영유권 분쟁이 진행 중인데 중국에서는 '댜오위다오', 타이완에서는 '댜오위타오'로 불림.

현실을 잘 보여 줍니다. 영화 속의 대한민국 대통령은 평화 협정을 위한 남·북·미 정상회담에 소극적입니다. 여기에는 이유가 있습니다. 3년 가까이 한반도를 피로 물들였던 6·25전쟁의 휴전협정서에는 유엔군 총사령관과 북한군(조선인민군) 최고사령관 그리고 중국군(중국인민지원군) 사령원의 서명만 있습니다. 대한민국은 휴전에 반대한다는 명목으로 협정서 서명식에 불참했기 때문이지요.

북한은 불참을 이유로 대한민국이 평화 협정의 당사자가 아니라고 주장합니다. 북한 핵무기 포기를 전제 조건으로 한 평화 협정에서 대한민국 대통령의 목소리는 작을 수밖에 없습니다. 이 영화는 한반도 문제의 당사자이면서도 중재자 역할에 머물 수밖에 없는 대한민국의 현실을 보여 줍니다.

무엇보다 자국의 이익을 위해서 온갖 권모술수를 가리지 않는 강대국들의 꿍꿍이속이 잘 드러나 있습니다. 영화 속 이야기는 복잡하게 전개되지만 결국 강대국의 이기주의로 귀결됩니다. 대통령의 부재로 부통령이 지휘권을 잡은 미국 정부는 북한에 대륙간탄도미사일을 발사하기 전, 러시아와 중국이 이에 맞대응할 것을 우려해 작전 내용을 러시아와 중국에 사전 통보합니다. 그러나 정작 동맹국인 대한민국에는 알리지 않지요.

일본은 미국, 대한민국과 삼각동맹을 맺었으면서도 대한민국 영토인 독도에 대한 야욕을 드러냅니다. 정작 미국은 대한민국과 일본이 첨예한 갈등을 빚는 독도에 대해 무지하며, 애초에 관심이 없는 모양새입니다. 미국의 이익과 직결되지 않는 곳이고, 어느 한쪽 편이라도 들게 되면 입장이 난처해질 테니까요.

냉철한 이성이 평화를 부른다

불안정한 한반도 정세 속에서 강대국들이 자국의 이익을 위해 호시탐탐 기회만 엿보고 있습니다. 그렇다면 대한민국과 북한이 해야 할 일은 무엇일까요?

영화 속에서 대한민국 대통령이 가장 중시하는 것은 한반도 평화입니다. 그는 작은 무력 충돌이 불씨가 되어 언제든지 한반도 전체를 불태울 수 있는 현실을 잘 알고 있지요. 그렇기 때문에 조금은 비굴해 보이는 자세를 취하면서도 충돌을 막으려 동분서주합니다.

북한 호위총국장의 섣부른 정세 판단과 감정적인 행동은 대한민국 대통령과 크게 대비됩니다. 호위총국장은 중국이 시키는 비밀 작전을 수행하고 중국과 친밀한 관계를 유지한다면 북한의 살길을 찾을 수 있다고 생각합니다. 그래서 6·25전쟁 때 함께 싸운 중국은 믿을 수 있어도 미국과 대한민국은 믿을 수 없다고도 주장하지요. 나라 간 관계도 인간관계처럼 의리와 정에 기대는 모습입니다. 하지만 긴박한 상황에서 미국과 막후 협상●하는 중국 정부의 모습을 통해, 호위총국장이 큰 착각을 했음을 알 수 있습니다.

● 겉으로 드러나지 않게 은밀히 진행하는 협상.

대한민국 대통령은 시종일관 냉철한 판단력과 과감한 결단력을 보여 줍니다. 그는 북한과 미국의 이견을 좁히기 위해 낮은 자세도 마다하지 않습니다. 자신이 죽을 수도 있는 상황에서 나라를 위해 기꺼이 스스로를 희생할 생각도 하고요.

영화 〈강철비 2: 정상회담〉은 여러 난관을 뚫고 한반도를 안정시키려면 감정이 아닌 냉철한 이성이 절실하며, 그 이성은 북한에까지 영향력을 행사할 수 있을 거라 암시합니다. 위험천만한 상황의 백두호를 결국 지휘하고 안정시키는 사람은 대한민국 대통령인 것처럼요. 이는 영화 속 대한민국이 약한 처지처럼 보여도, 작지만 분명한 목소리로 한반도 평화에 큰 역할을 할 수 있다는 의미를 우리에게 전달하려는 의도가 아닐까요?

미래

우리의 내일을 묻다

터미네이터:
다크 페이트, 2019

인류의
구원자는
누구인가

감독 - 팀 밀러

출연 - 린다 해밀턴(사라 코너 역)

아널드 슈워제네거(칼·T-800 역)

매켄지 데이비스(그레이스 역)

나탈리아 레이즈(대니 라모스 역)

가브리엘 루나(Rev-9 역)

사람이 만든 기계를 두려워하는 사람

오늘날 AI(Artificial Intelligence, 인공지능)는 사회 곳곳에 적용되고 있습니다. 그중 최근 화제가 된 활용법이 바로 'AI 면접'입니다. 대학교나 회사에 들어갈 때 치르는 면접에서 사람 대신 AI가 면접관 역할을 하는 것이지요. AI 면접의 장점은 자칫 선입견이나 편견으로 판단할 수 있는 사람의 약점을 보완할 수 있다는 것입니다.

하지만 만약 AI가 의도대로 작동하지 않는다면 어떻게 될까요? AI가 자신의 입맛에 맞고 명령에 순응할 만한 사람을 골라 높은 점수를 준다면요? 더 나아가 군사 기관에서 일할 요원을 뽑는데, 판단력이 상대적으로 흐리거나 사람보다 AI의 결정을 더 존중하는 지원자를 일부러 뽑는다면요? 사람 위에 군림하는 미래를 계획한 AI가 이 같은 작업을 오랜 기간에 걸쳐 진행하고, 최적의 시기가 왔을 때에 인류 정복의 꿈을 실현하려고 한다면 어떨까요? 상상만으로도 소름 끼칩니다.

기계가 사람을 몰아낼지도 모른다는 생각은 아주 오래전부터 있었습니다. AI처럼 학습 능력을 지닌 고도의 기계가 개발되기 한참 전인 초기 기계문명 시기부터 존재했지요. 19세기 초반 산업혁명이 일어나면서 기계는 공장 곳곳에서 사람을 대체하기 시작했습니다. 일자리를 빼앗긴 게 기계 때문이라는 생각에 사람들은 기계를 부수는 극단적인 행동을 합니다. 이를 '러다이트운동(Luddite Movement)'이라고 해요.

1811년 영국 노팅엄의 한 직물 공장에서 시작된 러다이트운동은 이후 랭커셔, 체셔, 요크셔 등 영국 내 여러 지역으로 확대되기 시작했습니다. 그러나 운동은 오래가지 못했습니다. 당장 기계 때문에 일자리를 잃은 사람들이 생기긴 했지만 결과적으로 기계의 도입이 사회 전체에 가져온 혜택이 더 컸기 때문입니다. 기계로 인해 생산량이 늘어나 제품의 가격이 낮아지고 새로운 직업이 생기기도 했지요.

하지만 기계가 사람을 대체할지 모른다는 두려움은 지금도 여전합니다. 기술이 비약적으로 발전하면서 기계의 위협도 더욱 구체

적인 모습으로 변화되었지요. 기계가 사람의 의사와 상관없이 컴퓨터 시스템을 장악해 핵무기를 쓰거나 전쟁을 일으켜 인류를 절멸로 몰아갈 수 있다는 시나리오도 나옵니다. 〈터미네이터〉 시리즈는 바로 이 같은 상상을 바탕으로 만들어진 영화입니다.

기계와 사람, 계속되는 전쟁

〈터미네이터: 다크 페이트〉는 1984년에 처음 개봉된 〈터미네이터〉 시리즈의 여섯 번째 영화입니다. 먼저 1, 2편의 대략적인 내용을 알아 두면 영화를 이해하는 데 도움이 됩니다.

1편은 먼 미래에 개발된 살인 기계 터미네이터 T-800이 현대 지구에 나타나면서 시작됩니다. T-800의 임무는 사라 코너를 죽이는 것입니다. 사라는 기계의 반란에 맞서 싸울 인류 저항군 리더가 될 존 코너의 어머니지요. 사라를 죽이면 리더 존은 존재조차 할 수 없으니까요. 이후 사라는 터미네이터를 막기 위해 파견된 군인과 함께 힘을 합치다 사랑을 꽃피우고, 장차 저항군 리더가 될 존을 임신합니다.

2편에서도 인류와 기계의 전쟁은 계속됩니다. 이제는 존을 죽이려 미래에서 파견된 신형 터미네이터 T-1000과 이를 막으려는 T-800의 이야기가 펼쳐지지요. 사라와 존 일행은 기계가 반란을 일으킬 미래를 애초에 막기 위해 향후 문제가 될 첨단 칩을 모두 제거합니다.

영화 〈터미네이터: 다크 페이트〉는 사라와 존 일행의 노력에도 불구하고 미래 사회에서 기계가 반란에 성공한다는 설정입니다. 이번에는 강화 수술로 기계처럼 뛰어난 신체 능력을 가진 슈퍼 솔저 '그레이스'가 미래에서 현대로 옵니다. 그의 임무는 최첨단 터미네이터 Rev-9(레브-나인)으로부터 멕시코인 여성 대니를 구하는 것입니다. 그레이스와 대니는 사라의 도움을 받아 Rev-9의 추격을 따돌립니다. 그리고 세 사람은 어딘가에서 몰래 자신들을 돕는 조력자를 찾아 멕시코에서 미국 텍사스주로 향합니다. 그들은 그곳에서 T-800을 마주하고, 그가 바로 조력자였음을 알게 됩니다.

영화에서 여전히 기계를 위험한 존재로 묘사하며 이야기를 전개하지만 일방적으로 나쁜 면만 보여 주려는 것은 아닙니다. 인류 역사에 기계가 처음 등장했을 때, 사람들이 거부감을 보이긴 했지만 결국 기계는 우리 삶에 많은 도움이 되었으니까요. 그래서 사람들은 점점 기계를 받아들이고 더욱 발전시켜 나갔지요. 영화는 우리가 기계를 어떻게 대하느냐에 따라 그것이 살인 병기가 될 수도, 인류의 미래를 위해 몸을 던지는 영웅이 될 수도 있음을 보여 주려합니다.

영화 초반에는 미래에서 파견된 T-800이 과거로 와서 존을 죽이는 장면이 나옵니다. T-800은 명령에 따랐을 뿐입니다. 아무런 감정도 자기 의지도 없었던 T-800은 임무를 마친 후에 지구에서 살아가면서 인간애를 인식합니다. 존을 죽인 자신의 행동이 얼마나 잘못된 일이었는지 뒤늦게 깨닫지요. 이후 T-800은 인격을 지닌 존재로 재탄생하고 속죄하는 마음으로 살아가다 위기에 처한 그레이스, 대니, 사라를 위해 기꺼이 희생합니다.

여성, 어머니를 넘어 영웅이 되다

영화는 개봉 당시의 국제 정세나 사회 이슈를 적극적으로 반영하기도 합니다. 그레이스와 대니, 사라가 조력자를 만나기 위해 미국-멕시코 국경을 넘어 텍사스주로 향하는 장면을 그 예로 볼 수 있지요. 그리고 이 장면에서 도널드 트럼프 전 미국 대통령의 반(反)이민주의를 생각나게 합니다. 트럼프 전 대통령은 멕시코와의 국경에 장벽을 설치해 멕시코를 비롯한 중남미 국가 사람들의 불법 이민을 막는 데 나섰지요.

사라는 미국인이지만 수배자 신세라 합법적으로 국경을 통과할 수 없습니다. 그레이스도 미국인이지만 미래에서 왔기에 자신의 신분을 증명하지 못합니다. 멕시코인인 대니는 두말할 것도 없지요. 인류를 구하기 위해 목숨을 건 인물들이 힘겹게 국경을 넘어야 하는 장면은 매우 상징적입니다. 마치 트럼프가 그토록 미워했던 불법 이민자들이 미국과 전 인류의 미래를 위해 힘쓰는 사람들일지도 모른다는 것을 보여 주는 듯하지요.

또 영화에서 대니의 존재가 시사하는 바는 매우 큽니다. 대니는 기계가 반란을 일으키는 미래에 인류 저항군을 이끌 리더가 될 운명입니다. 그간 소설이나 영화, 드라마에서 세상을 구하는 영웅은 대부분 남성이었습니다. 저항군 리더가 사라의 아들 존이었던 것처럼요. 그레이스가 대니를 구하기 위해 미래에서 왔다는 말에 사라의 반응은 냉소적입니다. 사라는 훗날 인류를 구원할 아들을 잉태할 자궁을 지키러 온 거냐며 차갑게 말합니다.

고대 신화부터 현대 여러 콘텐츠에 이르기까지 여성은 영웅이 될 아들을 낳는 것만으로도 매우 큰일을 한 것처럼 여겨졌습니다. 여성 자신이 영웅으로 추앙받는 서사는 금기처럼 받아들일 정도였지요. 그래서 영화 속 대니가 인류를 구원하는 영웅으로 묘사되는 점은 시대의 변화를 보여 줍니다. 또 미국 사회 내에서 종종 근거 없이 경멸과 차별의 대상이 되는 히스패닉계의 위상을 생각할 때, 대니가 멕시코인이라는 점도 상징적입니다. 그뿐만 아니라 여성들끼리 힘을 합쳐 남성의 외모를 한 첨단 기계를 물리친다는 설정도 흥미롭습니다. 1984년에 영화 〈터미네이터〉가 처음 개봉되었을 때 미래 인류를 구원할 사람은 백인 남성으로 묘사되었지요. 하지만 개봉 후 40년 가까이 흐른 지금은 AI 기술이 세상의 변화를 주도하고 있고, 사람들의 인식도 급변하고 있습니다. 인간과 기계의 대결이라는 이야기의 큰 구도는 변하지 않았지만, 〈터미네이터: 다크 페이트〉는 이야기를 움직이는 주체들이 달라졌다는 점에서 눈길을 끌고, 우리에게 생각할 거리를 던집니다.

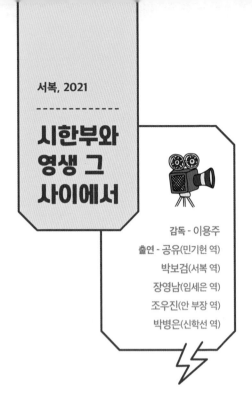

서복, 2021

시한부와 영생 그 사이에서

감독 - 이용주
출연 - 공유(민기헌 역)
박보검(서복 역)
장영남(임세은 역)
조우진(안 부장 역)
박병은(신학선 역)

불로장생하면 과연 행복할까?

불로장생(不老長生), 늙지 않고 오래 사는 것은 많은 이들의 소망입니다. 그만큼 사람들은 노화와 죽음을 최대한 늦추고 싶어 합니다. 그래서 젊음과 장수에 대한 욕망은 상품으로 만들어지기 좋습니다. 젊게 보이기 위한 여러 시술이나 다양한 건강 보조제로 사람들을 유혹하지요. 검증되지 않은 제품이라도 제시된 효과를 보면 눈이 갈 정도입니다.

영화 제목인 '서복'은 진시황 때 신하의 이름입니다. 진시황은 중국 역사 최초로 중앙집권적 통일 국가를 세웠고, 자신을 시황제로 자칭해 중국 최초의 황제가 된 인물이지요. 절대 권력을 영원히 누리고 싶었던 그는 사람을 늙지 않게 해 주는 '불로초'를 찾기 위해 나라 곳곳에 많은 신하를 파견합니다. 나라 밖으로는 서복을 보냈다고 하는데요. 제주 서귀포나 일본 규슈에 서복이 다녀갔다는 이야기도 전설처럼 전해집니다.

고대 인물의 이름을 현대로 가져온 영화 〈서복〉은 생로병사(生老病死)•에 대한 여러 근원적 질문들을 던집니다. 가령 의미 없는 삶이라도 영원히 사는 게 행복할지, 사람이 죽음을 담대하게 맞이할 수는 없는지와 같은 것이지요.

살아 있되 살아 있지 않은 사람

영화 속 전직 정보기관 요원인 민기헌은 불치병을 앓고 있습니다. 그는 과거 한 사건 때문에 마음에 깊은 상처를 입고 두문불출하며 병마와 싸웁니다. 이런 민기헌에게 전 상관인 안 부장이 특별 임무를 제안합니다. 그 임무는 한 청년을 안전하게 이동시키는 일입니다. 언뜻 모종의 거래가 있는 듯한데 영화 초반에는 드러나지 않습니다.

민기헌은 보안이 철저한 실험실에서 20대처럼 보이는 한 청년을 만납니다. 청년은 인공적으로 만들어진 해변에서 바다 영상을

• 태어나고, 늙고, 병들고, 죽는다는 인간의 네 가지 고통.

바라보는 중입니다. 생명을 얻은 이후 한 번도 실험실 밖을 나오지 않은 듯한 그는 가상현실을 통해 세상을 익히는 것 같습니다.

민기헌은 자신이 이동시켜야 할 이 청년이 줄기세포 복제와 유전자조작을 통해 만들어진 실험체인 '서복'임을 알게 됩니다. 서복은 사람의 생명 연장을 위해 개발되었습니다. 서복의 신체와 사고 능력은 여느 사람과 똑같지만 사람의 능력을 뛰어넘는 초능력도 함께 지녔습니다. 지나치게 빠른 세포분열만 막는다면 서복은 영원히 살 수 있지요. 다만 실험실에서 통제된 채 개발되고 자라다 보니 정신 상태는 어린아이와 같습니다.

민기헌은 서복을 이동시키는 도중, 정체를 알 수 없는 무장 집단의 공격을 받습니다. 안 부장의 계획과 다르게 민기헌과 서복은 차량에서 내려 도주합니다. 두 사람은 어느 작은 도시의 시장으로 피신해 은신처를 찾습니다.

사람들이 복작대는 시장 풍경이 서복의 눈에는 신기하기만 합니다. 사람들의 다양한 모습과 시장의 물건들을 한 번도 실제로 본 적 없기 때문이지요. 특히 그의 눈을 사로잡은 것은 미꾸라지입니다. 음식점 주인이 뿌린 소금에 거세게 몸부림치는 미꾸라지의 모습은 서복에게 강렬한 인상을 남깁니다. 삶에서 죽음을 맞이할 때의 고통이 미꾸라지의 역동적인 몸부림으로 표현된 것이지요. 서복은 민기헌의 도움으로 시장에서 옷을 사 입은 후에 이렇게 말합니다.

"아름답네요. 살아 있다는 게."

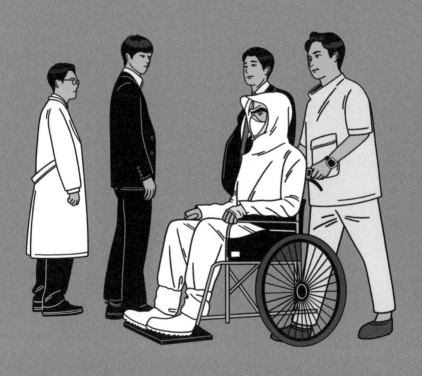

태어나서 늙는 것은 행복

서복은 무기력한 표정에 매사 수동적이지만 민기헌을 형처럼 대합니다. 민기헌이 자신에게 세상 구경을 시켜 주었고, 삶이 무엇인지 깨닫게 해 주었기 때문입니다. 서복은 민기헌에게 속내를 털어놓는데, 마치 내일 죽을 사람처럼 체념과 비관이 가득합니다.

서복은 임세은 박사의 아들인 경윤의 줄기세포를 활용해 만들어졌습니다. 경윤은 어린 나이에 교통사고로 숨을 거두었고, 임 박사는 그런 아들을 되살리고 싶은 욕망 때문에 서복 프로젝트에 참여했습니다. 서복은 경윤과 똑같이 생겼지만 경윤이 아닙니다. 서복에게 임 박사는 어머니지만 어머니가 아닙니다. 역시 임 박사에게 서복은 아들이지만 아들이 아닙니다.

임 박사에게는 과학 실험과 아들의 부활이라는 명확한 의지가 있었지만, 서복은 자신의 의사와는 무관하게 세상에 나왔고, 타인의 필요로 살아갈 뿐입니다. 그래서일까요? 서복은 자신의 삶에 회의적이고 임 박사가 원망스럽기도 합니다. "그러지 말지… 그런다고 내가 경윤이가 되는 것도 아닌데."라는 말에는 서복의 속마음도 담겨 있습니다.

누구나 자신이 원해서 세상에 태어나지 않습니다. 사람은 각자 살아가면서 꿈을 가지거나 삶의 목표를 지니게 됩니다. 그 꿈을 이루거나 목표를 달성하기 위해 노력하고 그 과정에서 성공의 달콤함과 실패의 쓰라림도 겪지요. 삶의 모든 순간이 행복할 수는 없겠지만 사람으로 태어나 자라고 늙어 가는 삶의 갈피마다 기쁨과 아픔 그리고 행복을 느낄 수 있지요. 하지만 서복의 삶에는 이런 기쁨과 아픔, 행복이 없습니다.

그동안 서복은 실험용 쥐처럼 24시간 관리와 감시를 받으며 살았습니다. 그런 그가 민기헌을 만나 처음으로 컵라면을 먹고, 그 맛에 반해 연달아 세 개를 해치웁니다. 우리에게는 평범한 일상 중 하나일 수도 있지만 서복은 큰 행복감을 느낍니다. 울산 바닷가에 앉아 바다를 질리도록 바라보기도 합니다. 실험실에서 보았던 가상의 바다와 다른 현실의 바다가 신기하기도 했겠지만, 진정한 삶과 생명은 무엇인가 깊이 생각했을 수도 있습니다.

서복의 번민은 다음 대사들에서 가늠할 수 있습니다.

"나도 무언가가 되고 싶었어요. 누군가에게 의미 있는 무언가. 그냥 그거뿐이었는데…."

"죽는다고 생각하면 두려워요. 하지만 영원히 산다는 것도 두려워요."

태어나 자라서 누군가를 사랑하다, 늙어서 흙으로 돌아가는 것이 자신의 영생보다 더 행복한 것 아니냐는 반문일지도 모릅니다.

서복의 고민은 죽음을 눈앞에 둔 민기헌의 처지와 극명하게 대비를 이룹니다. 오래 살 수 있으나 삶의 의미를 못 느끼는 자의 슬픔과, 악착같이 살고 싶으나 생명의 끝이 보이는 자의 슬픔은 역설적이게도 큰 차이가 없어 보입니다.

181

불로장생이 몰고 올 재난

영화 〈서복〉은 불로장생의 꿈이 오히려 인류를 절멸시킬 수 있다고 말합니다. 안 부장과 만난 미국 정부 인사는 '인간이 죽지 않으면 인류는 스스로 멸망하게 될 것'이라 언급하며 복제인간을 통한 질병 치료와 영생 시도를 노골적으로 비판합니다. 그는 서복을 안전하게 없애기 위해 미국에 넘기라고까지 말합니다.

안 부장은 서복을 만든 서인그룹의 김천오 회장과 화상 통화로 말다툼을 벌입니다. 그리고 서복을 없애야 하는 이유에 대해 좀 더 명확히 설명하지요. 그는 부와 권력을 지닌 소수가 서복을 이용한다면 인권이나 생명 존중의 가치가 상실되는 사회가 도래할 것이라고 주장합니다.

만약 가난한 사람들은 아파도 돈이 없어 더 살지 못하고 죽는데, 재벌이나 권력자들은 200세, 300세까지 건강하게 산다면 어떨까요? 빈부 격차에 수명 격차까지 더해진다면 지금보다 계층 간 차이는 더 벌어질 것이고, 이에 따른 갈등은 첨예해질 겁니다. 나아가 불로장생이 권력을 유지하고 확장하는 수단이 될 수도 있습니다.

김 회장은 의학적 성취만을 위해 복제인간 연구에 막대한 비용을 쏟아부은 것은 아니었습니다. 복제인간으로 불로장생을 누군가에게 부여할 수 있다면 권력도 획득할 수 있음을 알아차린 것입니다. 누군가의 생사여탈(生死與奪)을 통제하는 것처럼 불로장생을 제어함으로써 권력을 만들어 내고 유지할 수 있다고 판단한 것이지요. 그는 "누군 살게 하고, 누군 죽게 하고, 그걸 내가 결정하는 거야."라며 "이거야말로 신의 권력이지."라고 덧붙여 말합니다. 이 말대로 사람의 수명을 쥐락펴락할 기술을 가지면 신과 같은 위상을 누릴 것입니다. 제아무리 돈이 많거나 권세를 누리는 사람이라도 죽음 앞에선 꼬리를 내릴 수밖에 없으니까요.

사람들은 각자의 이유와 욕망에 따라 서복을 둘러싼 쟁탈전을 벌입니다. 그 아수라장 속에서 임 박사는 서복의 어머니로서 할 수 있는 선택을 했다가 죽음을 맞이합니다. 그리고 서복은 분노를 터뜨리며 자신의 초능력을 발휘하지요. 서복의 이러한 행동은 생로병사라는 자연의 순리에 역행하려는 사람에 대한 공격으로 읽힙니다.

영화 〈서복〉은 불로장생이라는 욕망에 아무런 문제가 없는지, 불로장생을 꿈꿀 때에 생길 수 있는 여러 부작용과 후유증은 무엇인지, 인간에게 생로병사는 어떤 의미인지를 우리에게 묻고 있는 게 아닐까요?

테넷, 2020

시간이 가르는 인간의 삶

감독 - 크리스토퍼 놀란
출연 - 존 데이비드
워싱턴(주인공·주도자 역)
케네스 브래너(사토르 역)
로버트 패틴슨(닐 역)
엘리자베스 데비키(캣 역)

온 세상의 중심은 나

2020년 11월 3일에 제59대 미국 대통령 선거가 있었습니다. 연임을 노린 도널드 트럼프가 공화당 후보로, 조 바이든 Joe Biden 전 부통령이 민주당 후보로 나서 치열한 선거전을 펼쳤습니다. 세계 최강국의 최고 지도자를 뽑는 선거임에도 정책 대결보다 후보의 기이한 언행이 더 눈길을 끈 선거였습니다.

선거 중 가장 큰 논란은 트럼프의 선거 결과 불복 시사였습니다. 그는 선거 불신을 조장하는 듯한 언급을 계속하면서 자신이 대통령에 당선되지 않으면 결과를 따르지 않을 수 있다는 식의 의사를 비쳤습니다. 그는 바이든에게 역전패를 당했고, 자신의 공언대로 선거 결과에 불복하는 언행을 보였습니다.

트럼프가 이기적인 데다가 자아도취에 빠진 인물이라는 평가는 꽤 많은 편입니다. 민주주의가 어느 정도 궤도에 올라선 나라에서 선거 결과가 다 나오기도 전에 불복을 운운하는 정치인은 찾아보기 어렵습니다. 더군다나 200년 넘게 대통령 선거를 치르면서 그 누구도 결과에 불복한 사례가 없었던 미국에서 트럼프의 언행은 도가 지나치다는 말이 많았습니다. 선거 과정에 오류가 있어도 더 큰 국가적 혼란을 막기 위해 패자가 패배를 받아들이는 게 미국 민주주의의 전통이기도 했으니까요. 실제로 2000년 대통령 선거에서 패배한 민주당 앨 고어^{Al Gore} 후보의 사례가 대표적입니다. 박빙의 승부 속에서 플로리다주 무효표를 둘러싼 논란이 있었지만 선거 결과에 승복했습니다.

선거 패배 후 트럼프의 언행은 트럼프 지지자들의 의회 난입과 점거라는 전대미문의 사태를 불러일으키기도 했습니다. 국가 지도자가 이기적 행태를 보일 때, 국가에 어떤 불행이 닥칠 수 있는지 명백히 보여 주는 사례이지요.

영화 〈테넷〉에 등장하는 사토르는 한마디로 정의하자면, 이기심이 '끝판왕'인 인물입니다. 그는 여느 악당처럼 지구의 멸망을 아무렇지 않게 생각하지요. 그런데 그에게 다른 악당과 다른 점이 있습니다. 바로 아들을 두었다는 것입니다. 아들에 대한 애정이 그리 깊

어 보이지는 않지만 그렇다고 전혀 무신경한 것 같지도 않습니다. 영화 속에서 내일이 없는, 지구 멸망 따위는 개의치 않는 보통의 악당들은 대부분 가족이 없거나 가족의 신상정보가 잘 언급되지 않습니다. 가족이 있다고 해도 자식은 없는 게 대부분이지요. 자식은 미래를 상징합니다. 악당이 미래를 걱정한다면 악랄함을 극적으로 묘사하기 어렵기 때문입니다.

여느 부모라면 자신이 험한 일을 겪더라도 자식을 위해 미래를 걱정하는 게 당연한데 사토르는 아닙니다. 자신이 죽고 난 뒤의 세상 따위 멸망해도 상관없다고, 오히려 자신과 함께 온 세상이 사라져야 마땅하다고 여기지요.

미래에 대한 정반대 시선

영화는 일정 수준의 물리학 지식을 가지고 여러 번 봐야 이해할 수 있다는 평가가 있을 정도로, 내용이 쉽지는 않습니다. 일단 어려운 물리학 용어나 법칙은 최대한 배제하고 이야기를 쉽게 풀어내면 다음과 같습니다.

이름을 알 수 없는 특수 요원인 '주인공(protagonist, 주도자)'은 어느 날 이해하기 어렵고, 위험천만한 작전에 동원됩니다. 바로 제3차 세계대전을 일으키려는 미래 세력을 막으라는 임무였지요. 사건의 실마리를 풀기 위해 주인공은 현재와 미래를 오가며 브로커로 활동하는 무기 판매업자 사토르에게 접근하기로 합니다. 먼저 주인공은 사토르를 만나기 위해 그의 부인이자 미술품 감정사인 캣을 찾아갑니다. 캣이 남편과 사이가 나쁘다는 사실을 알아낸 주인공은 남편을 만나게 해 주면 그에게서 자유로워질 수 있게 도와주겠다며 캣을 꼬드기지요.

캣을 통해 만난 사토르는 예상보다 더 위험한 인물이었습니다. 주인공은 사토르가 시간의 흐름을 뒤집어 시간대를 마음대로 오갈 수 있다는 사실을 알게 됩니다. 그리고 그가 미래 세력과 결탁해 전쟁을 일으키는 것을 막기 위해 주인공도 시간을 역행하는 '인버전' 세계에 몸을 싣게 되지요.

주인공은 시간을 오가며 사토르의 음모를 점점 알아차리게 됩니다. 췌장암 말기로 죽음을 눈앞에 둔 사토르가 미래 세력과 결탁해 인류를 절멸시키려 한다는 것을요. 사토르는 자신이 없으면 지구 역시 존재할 가치가 없다고 생각하는 인물입니다. 그래서 자신이 세상을 떠나는 동시에 지구도 사라지게 만들려고 하지요.

하지만 주인공은 사토르와는 정반대의 인물입니다. 영화 초반에 주인공은 동료의 정보를 말하지 않으면 목숨을 부지하기 힘든 상황에 놓였고, 모진 고문에도 침묵하다 스스로 목숨을 던지면서까지 정보를 지키려 했습니다. 이후 그 고문이 테스트였다는 것으로 밝혀졌고요. 우리는 이를 통해 주인공이 대의를 위해서라면 목숨도 아끼지 않는 인물임을 알 수 있습니다.

영화는 주인공이 어떤 삶을 살았고, 그의 주변에는 어떤 가족과 친구들이 있는지 말해 주지 않습니다. 심지어 그의 이름조차 알려 주지 않습니다. 보통 사회적 책무를 충실히 이행하는 인물이라면 무엇보다 가족과 주변의 안녕을 기원할 텐데, 이 영화 속 주인공은 오로지 인류 전체의 안녕만을 위해 사력을 다합니다. 오롯이 자기 자신 위주로 이기심이 가득한 사토르와 달리 주인공은 과할 정도로 이타적인 인물입니다.

영화에서 주인공만 희생하는 것은 아닙니다. 캣이 목숨을 걸면서까지 사악한 남편의 손아귀에서 벗어나려는 이유는 아들의 미래 때문입니다. 주인공을 돕는 또 다른 특수 요원인 닐도 인류 멸망을 막기 위해 몸을 아끼지 않습니다. 작전에 동원되는 특수 요원들도 미래를 위해 기꺼이 자신을 희생합니다. 이들은 자신의 안위만을 우선시하지 않습니다. 세상의 앞날을 위해 무언가를 해야 한다는 의무감을 마음속에 지니고 있으니까요.

사적이면서 공적인 삶

우리는 사토르의 면모를 조금이라도 지닌 사람들을 주위에서 어렵지 않게 찾아볼 수 있습니다. 한 예로, 오늘날은 지구온난화로 극지방의 얼음이 녹으면서 해수면이 높아지고 있습니다. 폭우, 폭염 등 이상기후로 큰 피해를 입는 사람들도 늘고 있지요. 전 세계 지도자들은 지구온난화의 폐해를 잘 알고 있지만 이를 막기 위한 정치적 움직임은 더디기만 합니다. 나라마다 서로 잇속이 다르기 때문이지요. 서로의 입장만 따지다가 공멸의 순간이 닥칠지도 모르는데 말입니다. 그 예로 트럼프는 지구온난화가 과학적으로 확인되지 않은 거짓말이라고 공공연히 주장했습니다. 미국의 산업이 지구온난화에 영향을 끼치지 않는다고요. 미국 경제성장률을 유지해 표를 얻으려는 속셈이 엿보이는 주장입니다. 이는 자신의 안위만 생각하는 이기적인 행태로 인류의 미래는 거들떠보지 않겠다는 뜻으로 보입니다.

시간의 흐름을 거스를 수 있는 사토르의 능력은 매우 특별합니다. 사토르는 그의 능력을 이용해 인류에게 여러 가지 좋은 일도 할 수 있었을 겁니다. 하지만 그는 시간을 오가며 무기를 팔고 부를 축적하는 데에만 그 특별한 능력을 썼지요. 암에 걸린 사실을 알고 난 다음에는 시간을 자유자재로 오가는 특권을 더욱 이기적으로 악랄하게 사용하려고 했습니다. 초호화 저택에서 살고, 값비싼 요트를 구입하고, 사람들을 마음껏 부릴 수 있는 권력을 누리면서도 정작 다른 사람들과 무언가를 나눌 생각은 하지 않았지요. 악당다운 행동입니다.

사토르의 이런 면모는 권력을 지닌 자가 이기적인 행동을 했을 때 인류에게 어떤 일이 벌어질 수 있는지를 보여 줍니다. 영화 밖 현실에서 사토르와 같은 능력을 발휘할 수 있는 사람은 없지만 권력을 사유화하고, 이기심으로 세상에 부정적인 영향을 끼치는 지도자가 적지 않습니다. 그리고 권력을 유지하기 위해 다른 사람들의 안락과 안전은 생각하지 않는 경우도 많지요. 영화 〈테넷〉에서 매우 이타적인 인물과 지극히 이기적인 인물 간의 대결을 보여 주면서 우리에게 전달하려는 메시지는 혹시 이런 게 아닐까요? 결국 인류 역사를 지탱해 온 것은 누군가를 위한 마음이라고, 그 마음이 인류의 미래를 담보하는 것이라고요.

승리호, 2021

우주에서
사람이
사는 법

감독 - 조성희
출연 - 송중기(김태호 역)
김태리(장 선장 역)
진선규(타이거 박 역)
리처드 아미티지(설리번 역)
박예린(도로시·강꽃님 역)

부자들만 사는 낙원이 있다면

영화는 서기 2092년, 뿌연 하늘 가운데 서울 여의도의 63빌딩을 비추며 시작됩니다. 카메라가 뒤로 빠지면서 63빌딩 주변 모습이 스크린을 가득 채웁니다. 63빌딩이 낮아 보일 정도로 높다란 빌딩들이 하늘로 치솟아 있습니다. 이 건물 모습만 보아도 미래의 과학기술은 오늘날보다 더욱 발달한 것처럼 보입니다. 과연 미래의 인류는 첨단 과학기술을 바탕으로 지금보다 더 안락한 삶을 즐기고 있을까요?

영화 〈승리호〉는 초반부터 암울한 디스토피아(유토피아와 반대되는 가장 부정적인 사회상)의 기운을 내뿜습니다. 빌딩들이 흐릿하게 보일 정도로 도시의 공기는 탁합니다. 방독면을 쓰지 않으면 숨도 쉬지 못할 정도이지요. 땅은 오염되어 농사짓기도 어렵습니다. 결국 '땅이 병들었으니 갈 곳은 하늘뿐'입니다.

상위 5% 사람들은 지구를 떠나 우주로 이주합니다. 나머지 대부분은 지구에 남을 수밖에 없습니다. 운이 좋아 우주에 머문다고 해도 상위 계층이 아니면 비시민권자 취급을 받으며 각종 불이익을 감내해야 합니다.

지구에서 우주 거주 시설은 궤도 엘리베이터로 오갈 수 있습니다. 그리고 우주에서 생긴 쓰레기는 곧바로 지구로 옮겨집니다. 이로 인해 지구는 더 병들 수밖에 없고, 지구를 떠나지 못하고 남겨진 사람들의 삶은 계속 나빠집니다. 그래서 미래의 빈부 격차는 지구와 우주 거리만큼 크게 벌어져 버렸지요.

우리, 미래에는 행복할까?

영화에서 우주 거주 시설은 초거대 기업 UTS(Utopia above The Sky)의 소유입니다. UTS의 수장은 설리번으로, 백 살이 넘은 나이에도 의학 기술 덕분에 젊음을 유지하며 우주에서 안락한 삶을 보내는 인물입니다. 이제 그는 인류가 안착할 새로운 거주지로 화성을 개발하려 합니다. 땅을 밟을 수 있고, 맑은 공기를 마시며 자연을 만끽할 수 있는 낙원 같은 곳으로요.

우주에 점차 시설물이 늘고 시설물을 오가는 우주선이 많아지면서 쓰레기도 끝없이 생깁니다. 이 쓰레기들을 놓고 우주 청소부끼리 치열한 경쟁이 펼쳐집니다. 참고로 영화의 영문 제목은 〈Space Sweepers(우주 청소부)〉입니다. 이 쓰레기 '사냥'은 하층민끼리의 생존 다툼으로 보입니다. 쓰레기 사냥 속에서 월등한 실력을 발휘하는 이들이 있습니다. 바로 우주선 승리호의 장 선장과 김태호, 타이거 박, 로봇 업동이입니다.

승리호 선원들은 한때 자신의 분야에서 두각을 나타냈지만 지금은 그 장기를 이용해 우주 쓰레기를 사냥합니다. 그런데 쓰레기를 팔아 봤자 수중에 남는 돈은 없습니다. 우주선 유지비를 빼면 오히려 손해지요. 이러한 현실에서 승리호 선원들은 모두 일확천금으로 인생 역전을 꿈꿉니다. 특히 김태호의 처지는 절박합니다. 우주 사고로 목숨을 잃은 딸의 시신이 지구 궤도를 맴돌고 있는데, 시신을 찾아서 수습하려면 큰돈이 필요하기 때문입니다. 시간이 지나면 딸의 시신이 궤도를 벗어나 우주 저 멀리 사라질 테니 김태호의 마음은 더욱 급해집니다.

인간이 우주에 거주하는 시대에 그 시설물을 통제하고 전투 부대까지 가진 UTS는 지금의 정부나 다름없는 존재입니다. 열심히 일하고 돈을 아끼며 아등바등 살아도 저축할 돈 한 푼 남기기 쉽지 않은 승리호 선원들은 현시대의 청춘과 닮았습니다. 먼 미래에도 세상이 크게 바뀌지 않을 수 있음을 영화는 암시합니다.

'사람'이 없는 설리번의 낙원

승리호 선원들은 우연히 여자아이 도로시를 만납니다. 도로시는 인명 대량 살상을 위해 비밀리에 만들어진 무기인데, 테러 집단인 '검은여우단'이 도로시를 탈취했다는 이유로 UTS가 도로시를 현상 수배 중이지요. 승리호 선원들은 도로시로 한몫 잡기 위해 검은여우단 쪽에 연락해 거금을 요구합니다. 승리호 선원들은 비시민권자이자 범법자 이력 때문에 UTS와는 접촉할 생각조차 못합니다.

승리호 선원들은 접선 장소에서 검은여우단과 만나려 하지만 UTS 병력의 기습을 받고 쫓기는 신세가 됩니다. 이 과정에서 도로시가 사실은 신비한 능력을 지닌 소녀 '강꽃님'이라는 것이 드러납니다. 그리고 그를 둘러싼 음모도 조금씩 밝혀집니다. 설리번의 화성 프로젝트에서 강꽃님은 매우 중요한 역할을 하도록 설계되어 있습니다. 설리번은 강꽃님을 매개로 화성을 부자를 위한 낙원으로 바꾸는 동시에, 나머지 인류는 절멸시키려는 흉악한 계획을 꾸미고 있었습니다.

강꽃님은 죽어 가는 생명을 되살리는 신비한 능력이 있습니다. 그는 자신의 능력을 발휘해 시든 토마토 줄기에서 열매가 맺히도록 한 뒤, 김태호와 함께 토마토를 팝니다. 영화에서 이 장면은 남다른 의미를 가집니다. 우리나라와 달리 외국에서 토마토는 다양한 음식에 활용되는 식재료이지요. 강꽃님과 김태호가 토마토를 팔러 다니자 사람들은 너도나도 할 것 없이 돈을 내밀며 토마토를 사려고 합니다. 사람들은 토마토를 통해 활력을 느낍니다. 토마토의 강렬한 빨간색이 삶의 에너지로 읽히듯, 영화에서 강꽃님은 인류의 미래이자 희망을 상징하는 것 같습니다.

하지만 설리번은 강꽃님을 극소수 부자들의 미래를 위한 불쏘시개 정도로 여깁니다. 강꽃님의 능력을 인류 전체를 위해 쓰기보다 자신의 계획을 실현시키기 위한 도구로 쓰려 하지요. 설리번에게는 어머니의 죽음을 직접 목격한 과거가 있습니다. 학살당하는 어머니를 보며 아무것도 할 수 없었던 설리번이었기에 어린 자신을 자책하면서 약육강식의 논리를 몸소 깨달았습니다. 약한 자들은 사라져야 마땅하고 강한 자들만 세상에 존재해야 한다는 설리번의 삐뚤어진 인식은 자신의 지독한 과거에서 비롯되었습니다.

설리번 역시 악랄한 인종 청소로 어머니를 잃었으면서 자신은 그보다 더 지독하게 인류 청소를 꾀하려는 것이 아이러니합니다. 이런 설리번이 화성에 만드는 낙원은 진정한 낙원일까요? 부자끼리 모여 살아도 그 안에서 또 계층이 생겨나게 마련이지요. 그런 상황이 벌어지면 설리번은 또 어떤 행동을 할까요?

세상을 바꾸는 연대와 용기

앞에서 승리호 선원들에게 남다른 과거가 있다고 언급했지요? 그들의 과거는 설리번에게 능력 있는 사람들이라고 칭송을 받을 만합니다. 먼저, 장 선장은 천재 과학자였습니다. 하지만 그는 설리번을 암살하려는 작전을 꾸몄다가 도망자 신세가 되어 신분을 숨긴 채 승리호 선장으로 살아갑니다.

김태호는 UTS 기동대 요원이었습니다. 소년병으로 자란 그는 UTS 최우수 요원으로서 풍요로운 삶을 누렸습니다. 불법 이민자 진압 작전에 나갔다 알게 된 한 아이를 딸로 입양하기 전까지는요. 딸이 사고로 죽은 후 그는 자신을 자책하면서 인간애를 생각하는 사람으로 거듭났습니다.

한때 마약 밀매로 막대한 돈을 벌던 타이거 박은 돈밖에 모르고 잔인한 설리번과 닮은꼴이었습니다. 하지만 그는 과거를 반성하고 새로운 삶을 살기 위해 승리호의 일원이 됩니다.

업동이는 전투용 로봇이었지만 사람보다 더 인간적인 로봇으로 변했습니다. 그리고 사람의 외모를 갖추고 싶다는 이유로 인공 피부를 이식받으려 하지요. 돈이 절실히 필요한 상황입니다. 하지만 업동이는 돈이 필요하다고 해서 자신의 치명적인 전투 능력을 함부로 발휘하지 않습니다.

이렇게 승리호 선원들은 자신의 능력을 이기적으로 쓰지 않습니다. 그리고 아픈 개인사를 보편적인 인류애로 승화시킵니다. 반면에 설리번은 개인사를 거대한 악으로 바꾸지요. 그렇게 승리호 선원들은 그들이 가진 능력을 바탕으로, 강꽃님과 인류 생존을 위해 설리번에 맞서 싸웁니다.

인류가 마주친 문제와 위기를 해결하려면 과학기술과 돈이 필요합니다. 남다른 지력도 필요하지요. 그런데 과학기술, 돈, 지력만으로 인류의 희망찬 미래를 보장받을 수 있을까요? 자신의 능력을 남을 위해 쓰고자 하는 사람들의 연대, 그리고 절대 권력에 저항할 수 있는 다수의 용기가 더욱 필요하지 않을까요? 영화 〈승리호〉에서 우리가 얻을 수 있는 교훈이 아닐까요?

북트리거 포스트

북트리거 페이스북

말을 거는 영화들

〈조커〉에서 〈미나리〉까지 생각을 넓히는 영화 읽기

1판 1쇄 발행일 2021년 11월 25일

지은이 라제기
펴낸이 권준구 | **펴낸곳** (주)지학사
본부장 황홍규 | **편집장** 윤소현 | **팀장** 김지영 | **편집** 박보영 양선화 이인선
일러스트 전유니 | **표지 디자인** 정은경디자인 | **본문 디자인** 이혜리
마케팅 송성만 손정빈 윤술옥 이혜인 | **제작** 김현정 이진형 강석준 방연주
등록 2017년 2월 9일(제2017-000034호) | **주소** 서울시 마포구 신촌로6길 5
전화 02.330.5265 | **팩스** 02.3141.4488 | **이메일** booktrigger@naver.com
홈페이지 www.jihak.co.kr | **포스트** http://post.naver.com/booktrigger
페이스북 www.facebook.com/booktrigger | **인스타그램** @booktrigger

ISBN 979-11-89799-65-6 43680

북트리거

트리거(trigger)는 '방아쇠, 계기, 유인, 자극'을 뜻합니다.
북트리거는 나와 사물, 이웃과 세상을 바라보는 시선에 신선한 자극을 주는 책을 펴냅니다.